JN099427

発達障害お悩み解決ブック❸

家庭と保育園・幼稚園で知っておきたい

吃音・チック・トゥレット症候群

藤野 博 [監修]

ミネルヴァ書房

はじめに

●

「ぼ、ぼ、ぼ、ぼく」のように言葉に詰まり、スムーズに話せない。

しきりに目をパチパチさせたり、フンフンと鼻を鳴らしたりなど、不思議なクセが目立つ。

幼児期にこうした吃音やチックの症状が表れることは、めずらしいことではありません。

大人はついつい「おかしいよ」「やめなさい」などと注意したり、「大丈夫かな？」と心配したりしてしまいますが、実は、その対応は逆効果です。

吃音やチックが出始めて間もない頃は、その子に自覚はなく、「つらい」とも「いやだ」とも思っていません。

でも、保護者や周りの大人の反応から、「いけないことなんだ」という否定的な価値観が生まれ、「出てしまったらどうしよう」という不安や、「恥ずかしい」というネガティブな感情を抱くようになってしまいます。

そして、話すことにストレスを感じるようになると、ますます症状が強く出るという悪循環に陥ってしまいがちです。

吃音やチックの症状が強く出ないようにするためのポイントは、環境調整です。

ネガティブな感情を弱められるよう、まずは周りの大人が接し方に気をつけ、本人がのびのび過ごせる環境をつくっていくことが、とても大切です。

子どもたちの成長を応援するために、
吃音やチックについて、正しい知識をもちましょう。

発達障害お悩み解決ブック③
家庭と保育園・幼稚園で知っておきたい
吃音・チック・トゥレット症候群

もくじ

第1章 こんなときどうする？
おうち編

おうち
での
エピソード

この本の構成

| 第1章 | こんなときどうする？ ●おうち編 |
| 第2章 | こんなときどうする？ ●保育園・幼稚園編 |

この本の子どもたちには、どんな行動がみられるのでしょうか？
8人の子どもたちのエピソードを参考に、
悩み事を解決する方法を紹介します。

最初のページ

第1章は家庭で、第2章は保育園や幼稚園で、よくあるエピソードを
紹介しながら、状況をわかりやすく解説します。

エピソードの紹介文です。

第1章は保護者、第2章は園の先生の悩み事です。

専門家が相談に応えながら、どうしてそうなってしまうのか、どんな状況が背景に考えられるのか、教えてくれます。

次のページ

状況を整理し、どんなふうに対応すれば
悩み事が解決できるのか、専門家と一緒に考えます。

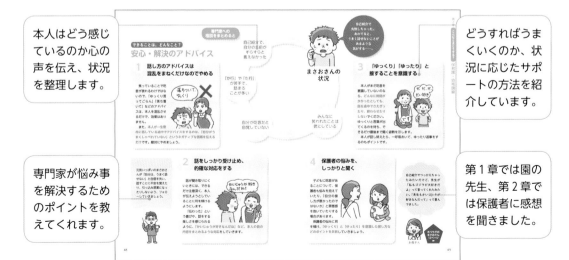

本人はどう感じているのか心の声を伝え、状況を整理します。

専門家が悩み事を解決するためのポイントを教えてくれます。

どうすればうまくいくのか、状況に応じたサポートの方法を紹介しています。

第1章では園の先生、第2章では保護者に感想を聞きました。

第3章 楽しい学校生活を送るために 知っておきたい吃音・チックのこと

この章では特性とその対応について、
専門家と保護者、園の先生の対話を交えながら、
さらに詳しく解説します。

『特性を知る』では、吃音やチックとはなんなのか、どんな特性がみられるのか、専門家がQ＆Aで答えます。

『家庭でできること』と『保育園・幼稚園でできること』では、それぞれ家庭と園で可能なサポートのポイントを、5つずつまとめています。

『就学に向けて』では、小学校入学に向けて保護者が気になっていること、知っておきたいことについて、専門家がQ＆Aで答えます。

この本に出てくる子どもたちの紹介

エピソード **1**

まさおさん
● 3歳

明るく天真爛漫。人前で話すときや、あわてて話すとき、「バ、バ、バ、バ……バス」のように最初の言葉でつっかえてしまうことがあるが、あまり自覚はない。

エピソード **2**

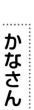

かなさん
● 5歳

内気な、はずかしがりや。人とおしゃべりすることが得意ではなく、話しかけられてもスムーズに応じられない。園でも、1人で遊んでいることが多い。

エピソード **3**

たくみさん
● 6歳

元気いっぱい。ガキ大将タイプだが、うまく話せないことを、人知れず悩んでいる。話し方をからかわれてから無口になり、ムスッとしていることもある。

エピソード **4**

みきさん
● 5歳

活発で明るく、小さい頃からおしゃべり。ボキャブラリーも豊富だけど、最近、少し気になる言葉づかいや、言葉に詰まる様子が見られるようになった。

エピソード **5**

わたるさん

● 4歳

おっとりした男の子。パチパチまばたきしたり、首を左右に振ったり、いろんなクセがある。意識していなかったけど、おともだちに笑われたことを気にしている。

エピソード **6**

ひまわりさん

● 5歳

寡黙でマイペース。お絵描きが大好きな夢想家。こんこん咳をしたり、ひとりごとを言ったり、動物の鳴き声のような音を出したり、不思議なクセがある。

エピソード **7**

ようすけさん

● 6歳

活動的で、かたときもじっとしていない。卒園を前にして、ふらふら体を揺らしたり、腕をぶんぶん振り回したり、特に落ち着きのない態度が目立ってきた。

エピソード **8**

すずさん

● 4歳

感受性豊かでナイーブ。人と話すときや緊張したときに、服の袖や襟元を噛むクセがある。最近は無意識のうちに「うーっ、うーっ、うーっ」とうなってしまう。

こんなとき
どうする
？

おうち編

吃音やチックは
生まれつきの性質によるもので、
保護者のしつけが原因ではありません。

でも、接し方に気をつけることで、
子どもの心の負担をやわらげ、
症状が強く出るのを防ぐことができます。

おうちの中で起きるよくあるケースから、
そのポイントを知っておきましょう。

話すときに詰まり、言葉がすらすら出てこない

　もうすぐ4歳になる、まさおさん。1年前くらいから、「バス」と言いたくても、なかなか「バス」という言葉が出て来なくて、「バ、バ……バス」となってしまうことがありました。はじめのうち、お母さんは「まだ3歳だし、そんなものだろう」と思っていたのですが、だんだんひどくなり、数か月前から「マ、マ、マ、マ、マ、ママ」「バ、バ、バ、バ……バスだね」など、激しく詰まるようになりました。

　本人はあまり気にしていないようなのですが、何を言っているのか聞き取りづらいことがあり、お母さんは心配しています。「どうしたの？　何言っているのかわからないよ」「もっとゆっくり、ちゃんと話して」と注意しても、「マ、マ、マ、マ、マ……」と詰まってしまいます。

「ゆっくり話して」って注意しても治らないし、だんだんひどくなってるみたい。何を言っているのか聞き取りづらいから、ついつい「ちゃんと話しなさい」って怒っちゃうこともあるの。

お母さんの
悩み

どうして、こうなる？　専門家に相談

吃音は、男の子に多くみられる

お母さんは、
まさおさんの話し方が
気になっているんですね。

「バ、バ、バ、バ……バス」のように、
うまく言葉が出て来なくて、
つっかえてしまいます。

言葉がすらすら出なくなる症状を吃音と言います。いくつかのタイプがあり、「バ、バ、バ、バ……バス」のように最初の音を繰り返してしまうのは「連発性吃音」です。話し方が気になり始めたのは、いつ頃ですか。

1年前くらいからでしょうか。
3歳児健診のときに保健師さんに相談したのですが、
「よくあること」とのことでした。

吃音は男の子に多く、幼児の約5％、20人に1人にみられるものです。原因は不明ですが、環境の変化は関係ありません。**脳神経に関係していると考える見方が有力**で、多くはいつのまにか症状が消えます。

だけど、注意しても治らず、
だんだんひどくなっています。保健師さんには、
「しばらく様子を見ましょう」と言われたのですが……。

注意しても改善されるものではないので、逆効果です。
「ちゃんと話さなきゃ」と意識すると、
余計に吃音の症状が強く出る悪循環をまねくことになります。

そうだったんですね。
じゃあ、どんなふうに接していけばいいんでしょうか。
対応の仕方が知りたいです。

専門家への
相談を
まとめると

１年前くらい
から、
言葉に詰まる
ようになった

お母さんは、時々
心配そうな顔を
してるけど、
ぼくは
ちゃんと話してる
つもりだよ。

バスを呼ぶ
ときのように、
最初の音を
繰り返す

まさおさんの
状況

本人は、
気にしていない
ように見える

注意しても
改善せず、
症状がひどく
なっている

最初の音を繰り返す「連発性吃音」が出始めたときは、周りの対応が大事です。
注意したり叱責したりしてしまうと、話すことへの不安が強くなり逆効果になる
ため、注意しましょう。

できることは、どんなこと？

安心・解決のアドバイス

1 注意したり、叱責したりしない

何言ってるか
わからないよ。
落ち着いて話して

「もっとゆっくり話して」「わからないからもう一
度話して」など、吃音を注意するのはやめましょう。
　個人差がありますが、吃音が出始めた頃は、本人も
あまり気にしていないことが多いです。でも注意され
続けていると、だんだん意識し始めます。「うまく話
せないかも……」と不安を感じるようになり、ますま
す吃音の症状が強く出る悪循環をまねきがちです。

2 ゆっくりと、言葉が出て来るのを待つ

吃音のある子に対しては、「じっくり話していいよ」という姿勢で接することが大事です。「何が言いたいの」と急かしたり、「わからないよ」と否定したりせず、最後まで話に耳を傾けましょう。

子どもがリラックスして話せるように、できるだけゆっくりしたペースで相槌を打ったり、返事をしたりするのが大切です。

3 吃音ばかりに注目せず、伝えたいことに目を向ける

吃音を心配し「早く治ってほしい」と焦る気持ちは、子どもにプレッシャーを与えてしまいます。

吃音ばかりに注目せず、その子が伝えようとしていること、気持ち、考えに注目します。たとえうまく話せなかったとしても、話した内容をしっかり受け止め、「話すのは楽しいな」「伝わってよかった！」と思える経験を増やしていきましょう。

4 リラックスして話せる環境をつくる

吃音のある子が気持ちや考えを伝えたいと思えるようにするには、ゆったりした環境で、本人が話したいことを自由に表現できる機会をつくるのが大事。

家族などにも協力してもらい、親子で楽しく過ごせる時間を確保していきましょう。

まさおさんは明るくて、園でもたくさんお話をしてくれるんですよ。吃音があっても気にせず、のびのびと、今のままのまさおさんでいられるようにしていきたいですね。

園の先生

園での
まさおさん
46ページ
➡

もじもじして、挨拶ができない

　かなさんはシャイでおとなしいタイプ。家では、ぽつりぽつり、おしゃべりをしてくれるのですが、一歩、外に出るとガードが固く、ほとんど口を開きません。

　朝、幼稚園バスのバス停で、おともだちや見送りのママさんたちに「おはよう」と声をかけられても、オドオドと軽く会釈するだけ。お母さんが「おはようは？」と促しても、もじもじするだけで、挨拶ができないのです。

　おともだちに「日曜日に駅で見かけたよ。どこに行ってたの？」などと声をかけられても、すぐに言葉が出てこないのか、「どーーーー」と詰まってしまいます。見かねたお母さんが、「動物園に行ったのよ」と、ついついフォロー。せっかく話しかけられても、会話が続きません。

お母さんの悩み

　かなは、おしゃべりが苦手なのかなあ？　うちで話したりするときにも、「あーーーーのね」みたいな感じで、最初の音を引き伸ばしたり、すらすら話せなかったりすることが多いの。

どうして、こうなる？　専門家に相談

もしかしたら吃音に悩んでいるのかも

かなさんは、
おしゃべりが
苦手なのですか。

「あのー」とか「えっとー」とか、
もじもじしていて、
なかなか言いたいことが言えないようです。

以前から、そのような感じですか。
もしかしたら、かなさんは
吃音に悩んでいるのかもしれません。

シャイな子ですが、3歳頃から少し言葉につっかえるようになり、
余計に引っ込み思案になってしまいました。
「マ、マ、ママ」みたいな吃音は目立たなくなったのですが……。

吃音には「マ、マ、ママ」のように音を繰り返すこと以外にも、い
くつかパターンがあります。「どうぶつ」と言いたいのに「どーー
ーぶつ」のように音を引き伸ばすタイプは「伸発」と言います。

そうなんですか。
じゃあ、かなの吃音は、
治っていなかったんですね。

吃音は、ほとんどの場合、
「連発」から「伸発」の順に進んでいきます。
本人は、話しづらいことに悩んでいる場合が多いのです。

そうだったんだ……。
家庭で気をつけることが、
何かありますか。

専門家への
相談を
まとめると

もじもじして、
挨拶が
できない

話しかけ
られても、
すぐに
答えられない

話したいことが
あっても、
言葉が出て来なかったり、
詰まったりしちゃうの。

かなさんの
状況

「どーーーぶつ」
のように、
最初の音を
引き伸ばす

極端(きょくたん)に
内気でシャイ

かなさんが「自分はおしゃべりが苦手」とコンプレックスを抱えてしまわないように、家では、ゆっくりと本人のペースで、楽しく会話できる時間をつくっていきましょう。

できることは、どんなこと？

安心・解決のアドバイス

1 本人の話を さえぎらない

子どもが挨拶できなかったり、話しかけられても答えられなかったりすると、先回りしてフォローしがち。でも本人が一生懸命話そうとしているのをさえぎってしまうと、「うまく話せなかった」というコンプレックスを植えつける結果になります。

本人のペースで話せるよう、ゆっくり待つ姿勢を忘れないでください。

注意
・さえぎらない
・代わりに答えない
・急かさない
・叱らない

2 言葉以外の コミュニケーションも大事

「おはよう」の挨拶ができないのは、過去に「お、お、お、はよう」のように詰まってしまった、いやな経験があるからかもしれません。その場合は、無理強いしないほうがいいです。でも無視したり、顔を背けたりすると、相手も気分がよくありません。言葉が出なくても、ニッコリしたり、おじぎをしたりするだけで、相手に誠意を伝えられることを教えましょう。

3 吃音の話を タブー視しない

かなさんは「吃音は悪いこと」「お母さんが心配する」と思い、悩みを打ち明けられないのかもしれません。1人で不安を抱え込まないように、「今、話しづらかったの？」などと気軽に話題にし、相談に乗るようにしましょう。

決して、「なんで？」と責めたり、「大丈夫？」と心配しすぎたりしないことがポイントです。

今、話しづらかったの？

4 楽しくおしゃべりする 経験を増やす

外で自信をもっておしゃべりできるようになるためには、まず家庭内で「会話は楽しい」「話を聞いてもらって嬉しかった」という経験を積み重ねることが大事です。

かなさんが好きなことについて、「どっちの動物が好き？」「この動物の名前は何？」と質問するなど、楽しくおしゃべりできる時間を増やしてください。

どっちの動物が好き？

かなさんは、動物が大好きで、とても動物に詳しいとお母さんから聞きました。園でも、かなさんに話しかけ、楽しくおしゃべりできる機会を増やしていきますね。

園の先生

園でのかなさん 50ページ →

言葉に詰まり、イライラしている

　元気いっぱいで、ちょっとやんちゃなたくみさん。最近、興奮すると会話の途中で言葉に詰まることがあるのですが、真っ赤になって苦しそうに顔をしかめたり、体をのけぞらせたりしています。

　昨日は、おやつの時間、些細（ささい）なことで妹と言い争いになりました。「お兄ちゃん、クッキー5つ目だよ」と主張する妹に、たくみさんは「ぼくは、チョコクッキーを1つも食べてない！」と言い返します。「ずるいよ！」と怒る妹に、何か言い返そうとするのですが、興奮しているのか顔を真っ赤にして、いきなり自分のほっぺたをバチバチ叩き始めました。

　驚いたお母さんが「落ち着いて」「どうしたの？」と止めに入ったのですが、たくみさんは余程腹が立ったのか、足で床をドンドン蹴っています。

顔を真っ赤にして力んでいるんだけど、興奮すると言葉が出て来ないのかな？　足をドンドンさせたり、自分のことを叩いたりしてるから、びっくりしちゃった。

お母さんの悩み

20

どうして、こうなる？　専門家に相談

本人は、ちゃんと話そうとがんばっている

 たくみさんの行動が
気になり始めたのは、
いつ頃からですか。

 言葉が出なくて力んでいるのに気づいたのは３か月くらい前ですが、
だんだん変わった行動が目立つようになってきました。
手足をバタバタさせたり、口をパクパクしたり……。

 それは吃音の**「随伴症状」**かもしれませんね。
「つっかえずにスムーズに話そう」とする
努力の結果、生じるものです。

 たくみには、
以前にも吃音がありましたが、
治ったのだと思っていました。

 「ラ、ラ、ラ、ラ……ライオン」のような「連発」が目立
たないと、周りは「治った」と考えてしまいがちですが、
本人は人知れず、努力をしている場合も多いのです。

 そうだったんですか……。
それには、
気づいていませんでした。

 **つっかえそうな言葉を別の言葉に置き換えたり、
「えっと」「その」などと前置きしたりして、**
隠そうとしているのかもしれません。

 じゃあ、１人で悩んでいるのかな。
どう接すればいいんだろう……。
何か、いい方法はありますか。

専門家への
相談を
まとめると

人知れず、
つっかえずに
話そうと
努力をしている

実は、興奮すると、
言葉が出て来ない
ことがあるんだ。
言いたいことが
言えなくて、
悔しいよ。

興奮した
ときなど、
言葉が出にくい
ことがある

たくみさんの
状況

言葉が出ない
ときに、
力んでしまう

手足をバタバタ
させるなど、
不自然な行動が
目立つ

たくみさんが人知れず努力しているのは、「つっかえるのは悪いこと」「スムーズに話さないといけない」と思っているから。まずは、たとえうまく話せなくても、リラックスして会話できる環境づくりが大事です。

できることは、どんなこと？

安心・解決のアドバイス

1 ゆっくり話せるような、環境をつくる

2人で順番に話そうね

　力を抜いて会話ができるよう、大人の側は「ゆっくり」「ゆったり」とした話し方を心がけます。たくみさんの話が終わってから、一呼吸置いて話しかけ、充分に間を取りながら話を進めるようにします。

　きょうだい同士で先を争うように話す状況がある場合は、話の最中に割り込んだりしないように仲立ちし、「順番に話す」というルールを設けましょう。

2　吃音は悪くない、ということを伝える

たくみさんが「自分の話し方はおかしい」とコンプレックスを深めないよう、「吃音は悪いこと」という気持ちを払拭（ふっしょく）していくことが大事です。

「クセのようなもの」「テレビに出ている有名な人にも、吃音の人がいる」「恥ずかしいことでも、いけないことでもない」ということを伝えましょう。

3　楽に話せるような、ヒントを教える

本人が話しづらさを強く自覚している場合は、より話しやすくなる方法を教え、練習をします。

例えば、「力むのではなく力を抜く」「息を吐いてから話す」など、決して、話し方を「治す」「矯正する」のではなく「楽に話すための方法」を提案します。

4　2人で話せる時間を設ける

毎日の生活の中に、1対1でじっくりと関わることのできる時間を設けましょう。

例えば、夜寝る前、お風呂の中など、短い時間で構わないので、話を聞く習慣をつくります。家事などで忙しいときは、「あとで話を聞くから待っていてね」などと伝え、必ずたくみさんの話を聞く時間を設けていきましょう。

たくみさんは園でも、いつも元気いっぱいです。そんな悩みを抱えていたなんて、気づいていませんでした。これからは、ゆっくり待ってお話ができるように、注意しますね。

園の先生

園でのたくみさん54ページ →

ばあちゃんサンキュー！

気になる言葉づかいが
目立つようになった

　みきさんは、ちょっとおませで活発なタイプ。言葉も早く、小さい頃からおしゃべり。幼稚園児にしては驚くほどボキャブラリーも豊富なのですが、最近、少し気になる言葉づかいが目立つようになりました。

　夏休み、久しぶりにお父さんの実家に帰省したときのこと。おばあちゃんがお菓子を渡すと、いきなり「サンキュー！」。おばあちゃんは苦笑していましたが、お母さんは冷や汗……。「ちゃんとありがとうって言って」とフォローしたのですが、みきさんは「ありがとう」を言いませんでした。そういえば、2年前は「おばあちゃん」と呼んでいたのに、今日は「ばぁちゃん」と呼んでいます。久しぶりだというのに、なれなれしい言葉づかいをしてくるので、おばあちゃんは違和感をもっているようです。

　久しぶりに会ったら、「サンキュー」ですって。なれなれしいかと思えば、呼んでも返事してくれないこともあるし……。最近の子は、こんな感じなの？　親のしつけが悪いんじゃないかしら。

おばあちゃんの悩み

どうして、こうなる？ 専門家に相談

うまく話せない不安から言い換える

みきさんの
言葉づかいが変わったことに
違和感があるのですね。

久しぶりに会うと、やけになれなれしくて……。
「ありがとう」ではなく、
「サンキュー」と言われたので、びっくりしました。

違和感をもった言葉は、
ほかにも
ありましたか。

「おはよう」を「モーニング」、
「おばあちゃん」は「ばぁちゃん」など、
気になる言葉づかいが、いくつかありました。

なるほど。もしかしたら、
みきさんは母音が苦手なのかもしれません。
人によってそれぞれですが、母音が苦手な吃音の子もいます。

そうなんですか。
おしゃべりな子で、
吃音というイメージはないのですが……。

子どもによっては早期に**「うまく話せなかったらどうしよう」**という**「予期不安」**が表れ、**言いにくい言葉を置き換える**ことがあります。話しかけて答えない場合は、最初の言葉がなかなか出て来ない「難発」かも。

そういわれてみると、
話しかけても答えないことがありました。
親のしつけのせいではなかったんですね……。

専門家への相談をまとめると

みきさんの状況

ありがとうを、「サンキュー」などと言い換える

うまく話せないといやだから、苦手な「あいうえお」で始まる言葉は、使わないようにしているの。

実は吃音があり、特に母音が苦手

苦手な言葉に対して、不安が強い（予期不安）

話しかけられると、すぐに言葉が出ないこともある

明るく快活なみきさんが、おしゃべりに苦手意識をもってしまわないよう、周りの大人は、みきさんの状況を把握し、本人の悩みを軽くできるようサポートしましょう。

できることは、どんなこと？

安心・解決のアドバイス

1 本人の状況を見極める

言葉の言い換えをする子の心理として、吃音を「いけないこと」と否定的にとらえていることが考えられます。言い換えをすることで余計に不安や罪悪感が強くなり、話すことを避けるようになる子もいます。

みきさんのように言い換えがうまくいっていて、本人の不安を軽くしている場合もあるので、自分の吃音をどう思っているのか見極める必要があります。

不安が強い OR 対処法がうまくいっている

2 本人の気持ちを過小評価しない

　強い劣等感や不安をもっていなかったとしても、吃音に対する本人のネガティブな感情を「大したことない」「大丈夫」などと過小評価すると、子どもは自分の悩みを打ち明けなくなってしまいます。

　吃音を支援する第一歩として、周りの大人は本人の「いやだ」「つらい」「しんどい」という気持ちの理解者であることが大切です。

3 家族の責任ではないということを確認する

　吃音のある子の親の多くが、「私のせいで子どもが吃音になったのではないか」「プレッシャーやストレスをかけたのかな」と責任を感じています。

　吃音は決してめずらしいものではなく、ましてや親の責任ではないので、親を疑ったり、責めたりするのはやめましょう。

4 子どもと楽しくコミュニケーションをとる

　吃音に対するネガティブな感情や劣等感を払拭（ふっしょく）していくためには、「吃音があっても気にならない」「コミュニケーションって楽しい」と思える経験が、何よりの薬になります。

　周りの大人は、本人のペースに合わせて話を聞いたり、コミュニケーションをとったりする姿勢で関わりましょう。

みきさんはとっても明るくて、とってもお利口さん。完璧主義なところもあるから、うまくしゃべれない自分が許せないのかな？　私も、みきさんの理解者になりたいな。

園での
みきさん
58ページ
➡

園の先生

27

変わったクセが
増えてきている

　もうすぐ幼稚園に通い始めて1年になる、わたるさ
ん。夏休みが終わった頃から、変わったクセが目立つ
ようになりました。例えば話をしているとき、光がま
ぶしいのか、何か気になることがあるのか、目をぎゅ
ーっとつむり、しきりにパチパチとまばたきをしてい
ます。「まぶしいの?」と聞いても、「別に……」と首
を振るだけ。

　最近は、テレビを観ているときや、食事をしている
ときに、首を前後左右にゆらゆら振ったり、肩をすく
めたりするようになりました。何もしないでおくと、
だんだん激しくなっていくので、「どうしたの?」と
聞くと、わたるさんは「なんでもない……」と答える
のですが、お母さんは気になって仕方がありません。

はじめはクセだから仕方がないと
思っていたんだけど、だんだん目
立つようになってきて、ちょっと
気になります。わたるは「なんで
もない」って言ってるけど、この
ままにしておいても、いいのかし
ら……。

お母さんの
悩み

28

どうして、こうなる？　専門家に相談

運動チックは、自然に治ることも多い

お母さんは、
わたるさんのクセが
気になっているのですね。

本人は無意識なのかもしれませんが、
目を強くぎゅーっとつむったり、
やたらとパチパチまばたきしたりしています。

自分ではやるつもりがないのに、繰り返しやってしまう動作を
「チック」と言います。なかでも、**まばたき、白目をむく、鼻を
ひくひくさせるなどの動きを繰り返すのが「運動チック」**です。

そういえば、以前、
頻繁に鼻をひくひくさせていたこともあります。
あれもチックだったのですね。

まばたきなどの運動チックで始まり、
ほとんどは半年から1年くらいで収まります。
幼児期は、症状が顔に表れることが多いようです。

最近、まばたきだけでなく、
首を前後左右にゆらゆら振ったり、
肩をすくめたりしているのが、気になります。

さまざまなチックが表れ、良くなったり、悪くなったりを繰り
返し、**1年以上続く場合は「慢性チック」**と言います。長く続
いたとしても、成長につれ軽くなっていくことがほとんどです。

そうなんですか。
でも、半年以上続いているので心配です。
どんなふうに接していけばいいんでしょうか。

目をぎゅーっと
つむり、
まばたきをする
クセがある

ぼくには、
いろんなクセが
あるらしい。
お母さんは
心配してるけど、
何がいけないのかな。

本人には、
あまり自覚がない
ように見える

わたるさんの
状況

クセは
目立つときと、
目立たないとき
がある

最近は
首を振ったり、
肩を
すくめたりする

幼児期のチックは、よくあることとも言えます。心理的な要因、しつけや親子関係が原因ではありませんが、ストレスで症状が強く出る場合もあるので、接し方には気をつけてください。

できることは、どんなこと？

安心・解決のアドバイス

1 チックについて、
正しい知識をもつ

　チックは男の子に多く、10人に1〜2人の子どもに表れると言われています。**ほとんどのチックは一過性で、1年以内に症状がなくなります。**生活に大きな支障をきたさない場合、治療の対象ではなく、急いで医療機関にかかる必要はありません。

　まずは、症状が強く出るのを避けるため、正しい知識をもち、接し方のポイントを知っておきましょう。

2 本人に、チックを 指摘するのは逆効果

チックは、本人の努力でやめることはできません。また、幼児期のうちは、わたるさんのように無自覚の場合も多いようです。

チックについて周りが気にし過ぎて、本人が意識し始めると、緊張が高まり、かえって症状が強く出るようになってしまいます。「どうしたの？」「おかしいよ」などと指摘するのもやめましょう。

3 症状が強く出ないように 配慮する

チックは心理的な要因で起こるものではありませんが、不安なことがあったり、気分が落ち着かなかったりすると、症状が強く出る場合があります。

また、生活が不規則だったり、疲れがたまっていたりなど、体のコンディションも影響します。行事の前など心身にストレスがかかるときに、チックになる子が多いとも報告されています。

4 基本的な対応は、 「見守ること」

「本人が気にしている」「他にも症状がある」「情緒が不安定」「過度なストレスがある」などの気になる様子がなく、チックの症状だけが出ている場合は、基本的に「見守る」というスタンスで大丈夫。

本人がのびのび過ごすためにも、周りは心配し過ぎないほうがいいです。

わたるさんはおっとりした、いやし系の子。自己主張をしないタイプなので、ストレスを抱えていないか、変わったことがないか、園でも気をつけるようにしますね。

園での わたるさん 62ページ →

園の先生

こん
こん
こん

風邪でもないのに、
こんこん咳をしている

　ひまわりさんは、シャイで寡黙なタイプ。週末、お
父さんと2人で、バスに乗って出かけたときのこと。
お父さんも口数が少ないほうなので、会話が続かず、
2人は黙ってバスに乗っていました。

　ひまわりさんはずっと窓の外を眺めていたのですが、
しばらくたって「こん、こん、こん」と小さく咳を始
めました。風邪なのか、アレルギーなのか……。ずっ
と咳をしているので、気になったお父さんが「どうし
たの？　風邪？」と聞いたのですが、ひまわりさんは
なんのことかわからない様子。

　以前にも頻繁に「くん、くん、くん、くん」と鼻を
鳴らしていたことがあり、しばらく気になっていたの
ですが、そのうち消えていました。「アレルギーか何
かなのかな？」とお父さんは心配しています。

風邪気味なのか、アレルギーがあ
るのか、バスの中で、ずっと小さ
く咳をしていました。指摘すると
一時的に止まるんだけど、またす
ぐ、こんこんしているので、気に
なります。

お父さんの
悩み

どうして、こうなる？ 専門家に相談

繰り返し音を鳴らすのは音声チックの症状

ひまわりさんが、こんこん咳をしたり、鼻を鳴らしたりするようになったのは、いつぐらいからですか。

鼻を鳴らしていたのは、半年前くらいからでしょうか。最初は風邪かなと思ったのですが、ちがったようです。最近は、こんこん咳のほかに、しゃっくりみたいな音を出したりすることもあります。

こんこん咳をする、鼻を鳴らす、うなる……など、**わざとではないのに繰り返し音を出してしまうのも、チックの症状で「音声チック」と言います。**

そうなんですね。
本人は、
無意識のうちにやっているのですか。

幼児の間は自覚がない場合が多く、**指摘されると、**「あっ！　咳をしていたんだな」と気づきます。

指摘しても、きょとんとしていました。
やめさせるには、
どうしたらいいのでしょうか。

運動チックと同じで、自分ではコントロールすることができません。**「音を出してはいけない」と意識し過ぎると、かえって症状が強く出るので、指摘しないほうがいいのです。**

けれども、どんどんチックのパターンが増えてきているので、心配です。
家ではどんなことに気をつければいいですか。

専門家への
相談を
まとめると

こんこん咳を
続ける

指摘しても、
きょとんと
している

無意識で
こんこん咳を
してたんだって。
久しぶりに
パパと出かけて、
緊張したのかも。

ひまわりさんの
状況

以前は、
鼻を
鳴らしていた
こともある

本人は、
無意識のうちに
やってしまう

ほとんどの音声チックが、自然になくなっていくことが多いです。本人が意識していないのなら、周りの大人も優しく受け流していくスタンスで、見守っていきましょう。

できることは、どんなこと？

安心・解決のアドバイス

1 大人が、気にしない態度を示す

　運動チックと同様、音声チックもめずらしいことではなく、必ずしも治療が必要とは限りません。多くのチックは一過性で、家族や周囲の理解によって症状が軽減したり消失したりする場合がほとんどです。

　本人が「チックが出たらどうしよう」と不安になったり、意識し過ぎたりしないように、チックが出ても、大人はなるべく気にしない態度を示しましょう。

外の景色が
きれいだね

こんこん

2 チックの表れやすい
パターンを知る

　チックがたびたび表れたり、やわらいだり強く出たりを繰り返す場合は、どんなときにチックが出るのか、そのパターンを突き止めましょう。運動会や発表会などがプレッシャーとなり、イベント前にチックが出るという場合も少なくありません。

　また、「お父さんと外出すると症状が出る」「園で出る」など、場面によって表れることもあります。

3 プレッシャーや
緊張をゆるめる

　チックのパターンを突き止め、なんらかのストレスが影響していると考えられる場合は、なるべくプレッシャーをかけないよう配慮しましょう。

　また、緊張がほぐせるように声かけをしたり、外出のときに飴やガム、お気に入りのオモチャやぬいぐるみなどの「安心グッズ」を持たせたりするのが、おすすめです。

4 治す方法を考えるより、
楽しい時間を増やす

　チックを治す方法を考えるより、楽しい時間を増やすことを考えるほうが有効です。

　お父さんと外出することが緊張をまねいていると考えられるのなら、普段からできるだけ楽しくコミュニケーションできる時間をつくりましょう。

ひまわりさんはおとなしいけれど、年下の子にとても優しくて、よく気がつくお姉さんなんですよ。運動会や発表会がストレスにならないよう、ゆっくり過ごす時間をつくりますね。

園での
ひまわりさん
66ページ
→

園の先生

ようすけさんの場合

汚いよ〜

ペッ

ガーッ

注意しても、
悪いクセが治らない

　ようすけさんは活動的な男の子。元気いっぱいなの
はいいのですが、普段から電車の中でぴょんぴょんジ
ャンプしたり、スーパーでいろいろなものを触りまく
ったり、気になる行動が目立つので、お母さんは苦労
しているようです。

　加えて、最近、ところかまわず唾を吐くクセが出る
ようになりました。痰がからまっているわけでもなさ
そうなのに、喉を「ガーッ」と鳴らしたあと、床や地
面に「ペッ」と唾を吐きます。喉を鳴らす音が大きい
ので周りから注目され、顰蹙を買ってしまいます。お
ともだちと公園で遊んでいるときにも、「ガーッ。ペ
ッ」を繰り返すので「汚いよー！」と言われたことも
あります。お母さんが「やめなさい」と注意しても、
ようすけさんは不機嫌そうに目をそらすばかりです。

たくさん人がいるところで「ガー
ッ。ペッ」と唾を吐くので、本当
に困っています。この間は、バス
の中でやってしまい、運転手さん
に怒られた……。なんとかならな
いのかな。

お母さんの
悩み

どうして、こうなる？ 専門家に相談

我慢すると「前駆衝動」が強くなる

ようすけさんが
唾を吐き始めたのは、
いつ頃からですか。

半年前くらいでしょうか。
最初は繰り返し、自分の手のひらに唾を吐いていました。
「汚いよ」と指摘しても、やめないんです。

それはおそらく、チックですね。
ジャンプしたり、ものを触るのもそうかもしれません。
唾を吐くことも含め、これらは「複雑運動チック」と言います。

チックとちがって、
本人が好きで
やっているように見えますが……。

複雑運動チックは、
典型的な運動チックよりも動作がややゆっくりで、
わざとおこなっているように見えることがあります。

最近、喉を「ガーッ」と鳴らしてから、
唾を吐くようになりました。
音が大きいので、おともだちからも、いやがられています。

何かしらの音声チックと複数の運動チックが1年以上続く場合は「ト
ゥレット症候群」です。 また、チックを無理に止めようとするとムズ
ムズする「前駆衝動」が強くなることがあるので、注意が必要です。

そうなんですね。それでも、
やめさせることはできないのですか。
私も周りの視線が気になります。

専門家への
相談を
まとめると

ジャンプしたり、
ものを触ったり
するクセがある

唾を吐いちゃダメ
って、わかってるけど、
やりたくって
ムズムズするし、
やるとスッキリする。

以前から、
唾(つば)を吐く
クセがあった

ようすけさんの
状況

最近は、
ガーッと
喉を鳴らす
ようになった

注意しても、
やめられない

チックは、自分ではコントロールが難しいので、注意をしたり叱(しか)ったりしても、改善されません。本人がチックとうまくつきあっていけるように、支えていきましょう。

できることは、どんなこと？

安心・解決のアドバイス

① ダメ出しはやめ、肯定的な言葉をかける

「危ない！」「触らないで！」などダメ出しばかりをしていても、ブレーキをかけられるようにはなりません。本人が「叱られてばかり」と自信をなくさないよう「じっとしていようね」「見るだけね」というように、肯定的な言葉かけを心がけましょう。

唾吐きも、うまくいったときに「今日は唾を吐かなかったね」とOKのサインを出すようにします。

NG → OK

危ない！ → じっとしていようね

触らないで！ → 見るだけね

2　ポジティブな情報を伝える

昨日より、うまくいったね！

　落ち着きがないように見えたり、顰蹙（ひんしゅく）を買うような行動が目立ったりすると、家族以外の人からも怒られることが増え、「自分はダメな子なんだ……」「また、叱られた……」と、どんどんへこんでしまいます。

　本人が「次の機会にがんばろう」と立ち直れるよう、「昨日より、うまくいったね」などポジティブな情報を伝え、気持ちを支えることを心がけましょう。

3　体を動かせる時間を増やす

　体を動かすことが好きな子どもであれば、充分に運動できる時間を設け、気持ちを発散させることが大切です。

　チックのある子にとっても、運動は「自分の体を、自分でコントロールできた」という実感を抱ける経験になるので、一石二鳥です。

4　チックの症状について主治医に相談する

　音声チックと運動チックの両方があると、周囲の注目を集めやすく、本人がそのことを気にして、悩んでしまったり、外出したがらなくなったりする場合もあります。

　親は「いつでも相談に乗る」という姿勢をもつことはもちろん、日常生活に支障がある場合は、かかりつけの医師に相談してみましょう。

ようすけさんは、園でも元気いっぱい！　確かに手を焼くこともあるけど、行動的なのは長所ですよね。ようすけさんにポジティブなメッセージを伝えるよう、心がけますね。

園の先生

園でのようすけさん70ページ→

おうちでの
エピソード
8

すずさんの場合

ダメ！

がじがじ

ボロ……

服の袖や襟元を噛んだり、爪をかじったりする

　すずさんは繊細でナイーブ。人と話すときや緊張したときに、服の袖や襟元を噛むクセがあります。無理やり伸ばして口元にもっていくため、服はよれよれになってしまいます。お母さんが「汚いよ」「やめなさい」と注意しても、治りません。

　それに加えて最近では、爪をかじるクセもひどくなってきました。無意識にかじってしまうらしく、爪はガタガタでボロボロ。爪切りは常に必要ありません。爪だけではなく指のささくれをむしってしまうので、赤くむけて、痛々しい状態。絆創膏をはっても、すぐにはがしてしまいます。

　みかねたお母さんが強く、「ダメって言っているでしょ！」と怒ると、泣きながら「ごめんなさい」と答えますが、クセを治すことはできないようです。

　2歳くらいから、噛むクセがやめられず、注意しているのに、どんどんひどくなっています。見ていて汚らしいし、衛生的にもよくないと思うので、どうにかやめさせたい……。

お母さんの悩み

やめられないクセはチックの可能性が

すずさんのクセが
気になり始めたのは、
いつ頃からでしょうか。

もともと指しゃぶりが
長く続いていたのですが、
2歳くらいから服の袖や襟元を噛むようになっていました。

もしかしたら、チックかもしれませんね。幼児のチックにはさまざまなタイプがあります。**服を引っ張る・噛む、爪をかじる、髪の毛を抜くなどの気になるクセも、チックの場合**があります。

ただのクセと、
チックの症状とは、
どこがちがうのですか。

チックもクセのようなものですが、本人にコントロールすることは難しく、やめようと思っても簡単にやめることはできません。また、**さまざまなチックが移り変わりながら、続くことがあります。**

服を噛むのは汚いし、爪かじりも衛生的に問題があるし、
見ていてとても気になるのですが、
やめさせることはできないのでしょうか。

気持ちはわかりますが、強く注意したり叱ったりするのはやめたほうがいいでしょう。**隠そうとしたり、本人が自信をなくしたり、気にすることで症状が強く出ることもある**ので、逆効果です。

けれども、血がにじむまでささくれをむいてしまうのは、
見ていてつらいです……。
何かできることはありますか。

服の袖や
襟元を
噛んでしまう

お母さんに
やめなさいって
注意されるけど、
やめられない……。
私は、
悪い子だね。

爪をかじったり、
指のささくれを
むいたりする

**すずさんの
状況**

強く叱っても、
やめられない

注意された
ことを気にして、
自信を
なくしている

爪をかじる、髪の毛を抜くなどの気になるクセも、チックの症状のひとつである
可能性があります。注意しても改善は難しく、本人の自信を損なうばかりになる
ので、接し方に気を配っていきましょう。

できることは、どんなこと？
安心・解決のアドバイス

1 注意したり、
心配したりしない

やめなさい!!

　ほとんどの場合、「やめなさい」と注意されれば注
意されるほど、「やってはダメなんだ」「やってしまっ
たらどうしよう」と気になり始め、緊張が高まると、
チックの症状が強く出る悪循環に陥ります。

　また、「恥ずかしい」と思うようになり、チックが
あることを隠そうとする場合もあります。周りが心配
し過ぎるのはやめ、強く注意するのも控えましょう。

2 傷ついた箇所の ケアをする

　指のささくれなどの傷のケアをすることで、自信を
なくしている子に、「あなたのことを大切に思ってい
る」というメッセージを伝えることができます。

　ハンドクリームをぬったり、絆創膏をはり直したり、
心をケアするつもりで、丁寧に傷の手当てをしておき
ましょう。

3 プレッシャーや 緊張をゆるめる

　特にナイーブで感受性が鋭いタイプの子の場合、不
安なことや心配なことがあると、チックの症状が強く
出る場合があります。どんなときにチックが出るのか
を、一緒に考え整理してみましょう。

　例えば緊張したときにチックが出るのなら、「ガム
やグミなどを食べる」「好きな感触のものを握る」な
ど、緊張をゆるめる方法を試してみましょう。

4 保護者の ストレスケアも必要

　子どものチックが気になり、保護者自身がイライラ
したり、心配したり、ストレスがたまっていることも
あるはず。

　ストレスを解消するために、たまには友人と食事を
したり、趣味に没頭したり、自分自身の気分転換を考
えましょう。園の先生や地域の子育て支援センターな
どに相談してみるのも、おすすめです。

すずさんは園でも、服を噛んだり爪をかじったりすることがあるので、「や
めたほうがいいよ」と注意していました。優しくて穏やかなすずさんが、自
信をなくさないよう、言葉かけを変えていきますね。

園での
すずさん
74ページ
➡

園の先生

専門家からの
ワンポイント
アドバイス

①

発達障害者支援法に
基づく支援

▼

　吃音やチックのある子には、発達障害者支援法に基づき、支援を行うことが定められています。この法律では自閉スペクトラム症（ASD）、注意欠如・多動症（ADHD）など、生まれつきの脳の特性により、低年齢で症状が表れるものを発達障害と定義しています。

他の発達障害との
関係は？

▼

　吃音やチックは、ASDやADHDなど、他の発達障害と併存しやすいことが知られています。なかでも吃音のある子がASDである割合は1〜2割程度と言われています。また、チックではADHDをともなう割合が5割以上にも及ぶという報告もあります。

どんなサポートが
受けられるの？

▼

　希望すれば、児童発達支援／放課後等デイサービスなどの形で療育（発達の支援）を受けることができます。また、症状によっては精神障害者保健福祉手帳を取得することができ、さまざまな福祉サービスを利用できます。居住地の自治体の福祉窓口に相談してみましょう。

第 2 章

こんなとき
どうする
？

保育園・幼稚園編

吃音やチックのある子が
ハッピーに暮らしていくためには、
保育園や幼稚園など集団生活の場で
プラスの経験をたくさん積み、
自信をつけていくことが、とても大切です。

そのためには、どんな環境を
整えるといいのでしょうか。
よくあるケースから、ヒントを考えてみましょう。

まさおさんの場合

自己紹介で、つっかえてしまう

明るいまさおさんですが、人前で話すのはあまり得意ではない様子。園に保育実習の先生が来たときのこと。名前を覚えてもらうため、自己紹介をやることになりました。

「相田くにおです。サッカーが好きです」など、ひとりずつ名前と好きなものを発表します。まさおさんの番になり、元気よく立ち上がった

のですが、余程あわてていたのか「た、た、た、た……」と詰まってしまい、なかなか「田中」が言えません。みんなは爆笑。園の先生が「落ち着いて。ゆっくり」と声をかけますが、「た、た、た、た……たなかまさおです。か、か、か、かいじゅうがだ、だ、だい好きです」とつっかえ、うまく聞き取れませんでした。

園の
先生の
悩み

普段から、おしゃべりが大好きで、いつも楽しいまさおさんだけど、自己紹介であわてちゃったのかな？　最近、言葉につっかえることが多いから、ちょっと気になるな。

どうして、こうなる？ 専門家に相談

本人が気にし始めたら、フォローが必要

まさおさんは、
普段から言葉につっかえることが
多いのですか。

「か行」や「た行」などが苦手なようで、気になっていたのですが、
この間の自己紹介のときに、
「吃音だな」と確信しました。

なるほど。
まさおさん自身に、
自覚はあるのでしょうか。

みんなに笑われたことは気にしていましたが、
吃音という自覚はなく、
「あわてて、うまくしゃべれなかった」と思っているみたいです。

確かに、**時間的なプレッシャーがあったり、
興奮したりしたときなどに、
吃音が出やすくなる**ことはあるようです。

このままにしておいても、いいのでしょうか。
最近、ますます吃音が目立つようになっているので、
心配です。

本人が「うまくしゃべれない」と気になり出しているなら、フォローが必要ですね。**周りの大人が心配そうな顔をしていると、
「自分の話し方がおかしいのかも」と気にし始めて**しまいます。

そうなんですね。
なんとかしてあげたいので、
接し方のコツが知りたいです。

自己紹介で、
自分の名前が
すらすらと
言えなかった

できることは、どんなこと？
安心・解決のアドバイス

「か行」や「た行」
が苦手で、
詰まる
ことが多い

1 話し方のアドバイスは混乱をまねくだけなのでやめる

焦っていることで吃音が表れるわけではないので、「ゆっくり言ってごらん」「落ち着いて」などのアドバイスは、本人を混乱させるだけで、効果はありません。

また、本人が一生懸命に話している途中でアドバイスをするのは、「自分がうまくしゃべれていない」というネガティブな情報を伝えるだけです。絶対にやめましょう。

自分が吃音だと
自覚していない

元気いっぱいのまさおさんが「自分は、うまく話せない」と自信を失い、話すことに不安を覚えたり、引っ込み思案になったりしないよう、フォローしていきましょう。

2 話をしっかり受け止め、的確な対応をする

話が聞き取りにくいときには、できるだけ注意深く、本人が伝えようとしていることに耳を傾けるようにします。

「伝わった」という喜びや、話をする楽しさを感じられるように、「かいじゅうが好きなんだね」など、本人の話の内容をまとめるような対応をしていきます。

自己紹介で
失敗しちゃった。
あわてると、
うまく話せないことが
あるような
気がする……。

まさおさんの状況

みんなに
笑われたことは
気にしている

3 「ゆっくり」「ゆったり」と接することを意識する

本人がまだ吃音を意識していないのなら、どんなに時間がかかったとしても、話を途中でさえぎったり、終わらせたりしないでください。ゆっくりと言葉が出てくるのを待ち、できるだけ最後まで聞く姿勢を示します。

本人が話し終えたら、一呼吸おいて、ゆったり返事をするのもポイントです。

だ、だ、だ、
だい好き

です

4 保護者の悩みを、しっかりと聞く

子どもに吃音があることについて、保護者も悩みを抱えていたり、「自分の接し方が悪かったのではないか」と罪悪感を抱いていたりする場合があります。

保護者の悩みに耳を傾け、「ゆっくり」と「ゆったり」を意識した接し方などのポイントを共有していきましょう。

自己紹介でつっかえちゃったみたいだけど、先生が「私もゴジラが大好きだよ」って言ってくれたみたい。「先生もかいじゅうが好きなんだって」って喜んでました。

お母さん

おうちでの
まさおさん
12ページ

口数が少なく、
おともだちと話さない

内気なかなさんは、とてもおとなしく、ほとんど話をしません。自由時間になると、いつも、ぽつんと1人で動物の絵を描いています。最近は、おともだちと話す姿も見かけられません。

ある日のこと。みんなが積み木で「町をつくろう！」と盛り上がったのですが、かなさんは1人でお絵描きをしています。先生が「みんなと積み木をしない？」と声をかけると、おずおずとやってきて一緒に遊び始めるのですが、黙々と積み木をしています。「何をつくるの？」「それは、なんのお店かな？」などと聞いても、うつむいたまま、返事もしてくれません。「先生も一緒につくっていい？」と話しかけても、こっくりうなずくだけです。

園の
先生の
悩み

前からシャイな子だったけど、最近、ほとんど話をしてくれない。話しかけても答えてくれなかったり、知らんぷりされたり……。このままで、いいのかなぁ。

50

どうして、こうなる？　専門家に相談

人と話すことに恐怖感があるのかも

かなさんは、
以前から
無口なのですか。

年少の頃は、詰まりながらでも、ぽつりぽつりとお話してくれて
いたのですが、最近はほとんど誰かと話すところを見ていません。
「なんでもいいから話して」と声をかけてもうつむくだけで……。

そうなんですね。
**成長して、話す場面が
怖くなってしまっている**のかもしれませんね。

怖くなったというのは、
つまり、
どういうことですか。

自分に吃音があるということを、はっきり意識するようになった
のだと思います。その結果、**話す前に不安を感じるようになった
り、吃音が出ることを恥ずかしく思ったりして、話せない**のです。

今はおともだちとも話さないので、孤立してしまって
います。みんなの輪の中に入れたいと思い、声をかけ
ても、うまくいきません。どうすればいいのでしょう。

**無理に話をさせようとしたり、話をしないことで仲間はず
れになる経験があったりすると、園に行きたがらなくなる**
可能性もあるので、今は無理強いしないほうがいいですね。

いつも1人でぽつんと絵を描いているのですが、
表情が暗いので、心配です。
うまくコミュニケーションをとる方法がありますか。

安心・解決のアドバイス

以前は、
詰まりながらも
話をしていた

1 質問を重ねたり、責めたりしない

次々と質問したり、「なんでもいいから話して」などと言われると、余計に言葉が出なくなります。話せないことを責めないのはもちろん、無理強いしないよう心がけましょう。

声をかけるときには

✕何をつくってるの？
◯これは家かな？

「これは家かな？」など、「YES」「NO」の二択で返事ができるよう、できるだけ具体的に質問します。

最近、
園では
誰とも話さない

先生が
質問しても
答えてくれない

たとえ返事がなくても、温かく声をかけながら、「一緒に何かに取り組んで楽しかった」「コミュニケーションがとれた」と感じられる、プラスの経験を増やしていきましょう。

2 まずは一緒に何かをすることを楽しむ

たとえ会話がなくても、同じ時間を共有し、一緒に積み木をしているだけで、「楽しかった」「協力できた」という満足感をもてます。

「なんとか話をしなくちゃ……」と焦

一緒に積み木をやって
楽しかったね

ったり、心配したりするよりも、まずは先生が、その時間を心から楽しみ、「今日は一緒に積み木をやって楽しかったね」と伝えるようにします。

話しかけられても、とっさに言葉が出て来ないし、つっかえちゃって、うまく話せないの。

かなさんの状況

話すことに不安を感じている

3 孤立しないように、おともだちとの間に立つ

かなさんは話すことに不安を感じていますが、「話したくない」と思っているわけではありません。答えがなくても、コミュニケーションをとることが大事です。

おともだちにも先生から「かなさんは、おしゃべりしたくないわけじゃないんだよ」「仲間はずれにしないで、一緒に遊ぼうね」と伝えましょう。

4 話せなくても、参加できる時間をつくる

おともだちと遊んだり、運動したり、体を動かしたり、リラックスして遊べる時間は、不安をゆるめてくれます。

話すことへの不安がやわらぐように、おしゃべりしなくても、楽しく参加できるゲームやトランプなどを取り入れましょう。

かなが「おともだちとトランプをやって楽しかった」って伝えてくれたの。おしゃべりは苦手だけど、仲間に入れてもらえてるみたいなので、安心しました。

お母さん

おうちでのかなさん16ページ

53

**園での
エピソード
3**

たくみさんの場合

おともだちに
まねをされて傷ついている

　サッカーが大好きで、園でもいつもおともだちと遊んでいるたくみさん。ギャグでみんなを笑わせてくれるムードメーカーです。でも近頃元気がありません。以前は、先生が話をしているときも、何かと突っ込みを入れてきたり、お笑い芸人のまねをしてみたり、「静かにしなさい」と毎日のように注意されるほど、にぎやかでした。それが最近は黙って話を聞いています。先生が「たくみさん。何か質問ない？」と話を振ってみても、首を横にふるだけ……。

　どうやら、おともだちに「ボ、ボ、ボ、ボボボール」と話し方をまねされたり、「なんでそんな話し方なの」と聞かれたりしたことを、気にしているようです。

園の
先生の
悩み

おともだちにまねされたのがショックだったのかな？　静かに話を聞いてくれるようになったのはいいんだけど、人が変わったみたいに無口になってしまったので、心配……。

どうして、こうなる？ **専門家に相談**

コンプレックスにならないようフォロー

たくみさんは、
急に無口に
なってしまったんですね。

そうなんです。以前まで明るくて、
おしゃべりが大好きな子だったのに、
年長に上がって、急に話さなくなりました。

理由は、
なぜなのか、
心当たりはありますか。

３歳の頃から吃音がある子なのですが、以前は気にする様子があり
ませんでした。だけど、最近、おともだちに「なんでボ、ボ、ボ、
ボボボールってなるの？」と指摘され、気にし始めたようです。

おともだちは無邪気に「どうして、そんな話し方なの？」と疑問
に思い、悪気なく指摘してしまったのでしょう。**たくみさんは
「自分の話し方はおかしい」と意識し始めた**のかもしれません。

面白がって「ボ、ボ、ボ、ボボボール」とまねする子がいたので、
たくみさんが話さなくなったのは、
それがきっかけだったのではないかと思います。

子どもたちには悪気はないのかもしれませんが、**他人が気
にしていることをからかう行為は、よくないことだという
こと**を、早いうちから大人が伝える必要がありますね。

これからも、たくみさんの吃音を指摘したり、
からかったりする子はいると思います。
どんなふうに対応すればいいのでしょうか。

専門家への相談をまとめると

できることは、どんなこと？

安心・解決のアドバイス

本当は明るく、おしゃべりも大好きな子

1 ポジティブなメッセージを伝える

無口になってしまったのは「自分の話し方は、おかしい」と、吃音があることで自信をなくしてしまっているから。周りの大人が吃音を否定せず、応援する必要があります。

「先生は、たくみさんのギャグが好き」「いつも楽しませてもらっているよ」など、みんなをなごませているというポジティブなメッセージを伝えましょう。

以前から吃音があるが本人は気にしていなかった

周りから指摘されたり、からかわれたりしている

吃音が目立つようになると、周りの子どもたちは無邪気に指摘したり、まねをしたりすることがあります。そんなときの大人の対応が、とても大事です。

2 からかいは、「許さない」スタンスで

吃音を「しゃべり方がおかしい」と指摘したり、からかったり、まねをしたりする行為を見つけたら、すぐにやめさせてください。

大人は躊躇（ちゅうちょ）なく、「一生懸命お話しているのに、からかうのは絶対によくない」ということを、子どもたちに伝える必要があります。

「おかしい」
って言われたり、
まねされたりするから、
最近、話すのが
怖くなってきた……。

たくみさんの
状況

最近、急に
無口に
なってしまった

3 吃音について
前向きに話す

子どもたちは無邪気に「どうしてあんな話し方なの？」と聞いてきたりします。そんなときの園の先生の対応は、とても重要です。

人それぞれいろんなクセがあるんだよ

子どもたちが多様な個性を受け入れられるように「みんなにも、いろんなクセがあるよね。たくみさんのしゃべり方もクセのひとつなんだよ」など、吃音を否定しない価値観を伝えることが大切です。

4 保護者にも
アドバイスを行う

吃音の症状が強く出ている場合、周りの大人が関わり方を変えることで軽減を促せるので、アドバイスも必要です。

ただし、保護者が「自分の責任かも」と罪悪感を抱いている場合があるので、伝え方には気をつけます。症状が軽減しない、苦しそうに話している、本人が悩んでいる場合は、言語聴覚士などの専門家に相談します。

たくみが「おともだちに笑われた……」とへこんでいたので心配したけど、園の先生から連絡があり、アドバイスしてもらえたので、私も前向きになれました。

お母さん

おうちでのたくみさん
20ページ

園での
エピソード
4

みきさんの場合

カーテンコールで
フリーズしてしまった

歌も踊りも得意なみきさんは、みんなの人気者。幼稚園の発表会では、ミュージカルのヒロインに選ばれ、お姫様の役を熱演。歌ったり、踊ったり大活躍で、会場は拍手につつまれ大成功を収めました。

ところがカーテンコールの場面で、事件は起こりました。なりやまない拍手に応えて、ステージに並んだ出演者に、感想を聞くことに。司会のおともだちから「感想をどうぞ」と、マイクを向けられたみきさん。さっきまですらすらとセリフを言っていたのに、なぜかフリーズ。

「あーっ……」と声にならない声を発したあと、真っ赤になった顔をゆがめ、苦しそうに手足をバタバタさせています。

園の
先生の
悩み

活発なタイプで、吃音があるとは思えないんだけど、突然マイクを向けたのが悪かったのかな。みきさんの表情は苦しそうだったし、怒っているようにも見えました。

58

どうして、こうなる？　専門家に相談

言葉が出て来ず悩み、苦労している

みきさんには、
普段から
吃音があるのですか。

親御さんから吃音だと聞いていたのですが、
活発な子だし、園では、気にしたことがありませんでした。
本当に吃音なんでしょうか。

吃音というと
内気なタイプをイメージするかもしれませんが、
活発な子にも吃音の子はいます。

だけどセリフをすらすら話してたし、
歌も普通に
歌っていました。

**セリフを話したり、絵本を読んだり、
歌を歌うときには、**
吃音が出ないという子は少なくありません。

そうなんですね。
「あ、あ、あ、あ」のように詰まったわけではなく、
言葉がまったく出て来なかったのですが、これも吃音ですか。

最初の言葉がなかなか出て来ないのは「難発（なんぱつ）」と言います。
言葉が出ない状態からなんとか抜け出そうとして、
手足をバタバタさせていたのでしょう（随伴症状（ずいはん））。

みきさんは、インタビューにうまく答えられなかったので、
へこんでいたみたい。
何かいい対応の仕方は、あるでしょうか。

安心・解決のアドバイス

「ど、ど、ど」
のような連発は
みられない

1 うまくいったことに
注目する

うまく話せなかった
経験を重ねたり、周り
から指摘されたりする
と、本人もさらに意識
するようになり、余計
に難発が強くなる悪循
環にはまってしまいが
ちです。

今日の演技は
よかったね！

劇のセリフ
などは、
すらすら
話せる

話すことへの恐怖心
が募らないよう、言葉に詰まったことではなく、「今日の
演技はよかったね」「歌が上手だったね」など、うまくい
ったことに注目し、声をかけましょう。

最初の言葉が
出て来ない
ことがある

「言葉に詰まったらどう
しよう……」と不安に思
うことで、難発が強くな
り、随伴症状が表れる悪
循環から、みきさんが抜
け出せるようにサポート
しましょう。

2 話を聞き、
悩みを共有する

みきさんはスムー
ズに話せないときが
あることを自覚して
いましたが、周りに
隠していて、1人で
悩んでいました。

まずは先生から、
「うまく話せないと
思って、悩んでいる
んじゃない？」と声をかけ、みきさんが今までどんなとき
につらかったのか、どうしてほしいのか話を聞きましょう。

ミュージカルは
大成功だったのに、
インタビューに
うまく
答えられなかった……。

みきさんの
状況

顔を
真っ赤にして、
手足をバタバタ
させていた

3 うまくいくよう、
作戦会議をする

みきさんは、いき
なり質問されると、
言葉に詰まることが
多いようです。その
ため、人前で話す必
要がある場面では、
事前に作戦会議をす
ることにします。

作戦会議を
しよう！

また、みきさんが
話したいことがあるときは手を挙げるなどの合図を決め、
いきなり質問はしない約束をしましょう。

4 得意な場面を増やし、
自信をつける

みきさんが「言葉
に詰まるなんてこと
は、大したことじゃ
ない」と思えるよう
に、自信をつけるこ
とが大事です。

そのため、セリフ
を覚えたり、絵本を
読んだり、歌を歌っ

たりするのは得意というみきさんが、活躍できる場面を増
やしていきましょう。

みきが「発表会は大成功だ
ったよ！」「またミュージ
カルで主役をやりたい！」
って言ってました。ドキド
キしたけど、失敗体験にな
らなくって、よかったな。

お母さん

おうちでの
みきさん
24ページ

わたるさんの場合

不思議なクセを
おともだちに笑われた

以前から、目をパチパチさせたり、首を振ったりというクセが目立つわたるさん。最近、いきなり不思議な表情をするようになりました。顔をくしゃくしゃにゆがめ、そのあと唇をぎゅーっと突き出し、最後に鼻の下を伸ばす……という動作を繰り返しています。

わたるさんが日直当番として、朝の挨拶をし

たときのこと。「おはようございます」と言ったあと、みんなの前で不思議な表情になってしまったので、おともだちは大爆笑。でもわざとではなかったらしく、わたるさんはバツが悪そうな様子。大きな声で「気持ち悪い！」「おかしな顔ー」と言う子もいたので、恥ずかしそうに下を向いてしまいました。

園の
先生の
悩み

そういえば前には、金魚みたいに口をパクパクさせていたこともあったなぁ。おともだちが気味悪がっていて、本人も気にし始めているみたい。どうしたらいいんだろう……。

どうして、こうなる？ 専門家に相談

本人が自信をなくさないよう注意

わたるさんが
変わった表情をするので、
先生は気になっているのですね。

はい。目をパチパチさせたり、口をパクパクしたり……。いろんな
チックがあったのですが、最近は顔をくしゃくしゃにしたあとに不
思議な表情になるのを繰り返しています。これもチックですか。

そうですね。顔をゆがめたり、唇を突き出したり、鼻の下を
伸ばしたり……。こうしたチックはめずらしくありません。
そこに、いろんな動作が組み合わされることもあります。

白目をむくこともあるので、
最初は、
ひきつけか何かを起こしたのかと思いました……。

**白目をむいたり、寄り目になったり、チックが目
に表れることもあります。**他に痙攣などの症状が
なければ、チックの可能性が高いと思います。

以前まで本人は気にしていなかったのですが、
おともだちに笑われたり、指摘されたりすることが増え、
気にし始めているようです。

**本人が自信をなくしたり、周りからからかわれたりしないように、
注意が必要**ですね。残念ながら、チックや吃音のある子は、
いじめにあうことが多いと報告されています。

子どもたちは悪気なく、
笑ったり、「変な顔」と言ったりします。
どんなふうに注意したらいいのでしょうか。

以前から、
まばたきなどの
チックがある

安心・解決のアドバイス

1 本人の状況を
把握する

おともだちに笑われたり、「おかしい」と指摘されたりすることが続くと、本人は自信をなくし、人前に立つことを恐れたり、園に行きたがらなくなったりする場合もあります。

まずは本人に「元気？」「心配なことはない？」などと声をかけ、どんなふうに感じているのか、困っていることや心配なことがないかを把握しましょう。

最近、
顔をゆがめ、
不思議な表情を
するようになった

おともだちから、
チックを
笑われた

チックが目立つようになると、おともだちから指摘されたり、笑われたりすることで、本人が気にし始めてしまいます。自信をなくさないよう、フォローしましょう。

2 いつでも味方になる
姿勢を示す

本人が気にしていたり、悩んだりしている場合は、ゆっくり話を聞く機会をつくります。

「恥ずかしかった」「つらかった」「悲しかった」という気持ちを受け止め、「先生は味方になる」「困ったことがあったら、いつでも助ける」というメッセージを伝えます。

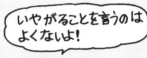

顔を
くしゃくしゃにする
クセが
やめられないんだ。
おともだちに笑われて、
恥ずかしかった。

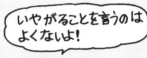

顔をくしゃくしゃにするクセがやめられないんだ。おともだちに笑われて、恥ずかしかった。

わたるさんの状況

笑われることを気にし始めている

3 いじめに発展させないように注意する

「気持ち悪い！」「おかしな顔ー」などの悪気がない一言でも、本人が苦痛に感じることが多く、いじめに発展する危険性もあります。

エスカレートしないように注意し、大人が断固として、「いやがっている人をからかうのは、許さない」というスタンスを示すことが必要です。

いやがることを言うのはよくないよ！

ね！

4 保護者と連携を図る

チックについて本人にどこまで伝えるのか、おともだちにどんなふうに説明するのかというのは、子どもの年齢、症状の程度、保護者の考え方などによりケースバイケースです。

今後の対応を一緒に検討していくためにも、保護者と連携を図り、園で起きたことは些細なことでも丁寧に報告しましょう。

れんらく帳

わたるは笑われたことを気にしていたので、親としても、どうしたらいいのか悩んでいました。先生が丁寧に連絡をくれるので、とても心強く思っています。

お母さん

おうちでのわたるさん28ページ←

ひまわりさんの場合

意味不明な
ひとりごとが多い

園でもおとなしく1人でお絵描きをしたり、図鑑を読んでいることが多い、ひまわりさん。

「こん、こん」と咳をするクセは目立たなくなってきたのですが、園では頻繁にひとりごとを言うようになりました。遊んでいるときに何度も「あーあ」と繰り返してニヤニヤ笑ったり、お絵描きしながらぶつぶつ呟いたり。自分では

自覚がないらしく、おともだちが「何?」と聞いても、きょとんとしています。

それだけではありません。お散歩に出かけたときや、廊下を歩いているときに甲高い声で「ちっ、ちっ、ちっ」と、鳥の鳴き声のような音を発することがあります。理由がわからないので、先生もとまどっています。

園の
先生の
悩み

ひまわりさんは、最近、不思議なひとりごとが多いの。もともと内向的で、口数が少なくて、何を考えているのかわかりにくいタイプなので、どう接したらいいのか……。

どうして、こうなる？ 専門家に相談

ひとりごとや擬音は音声チック

ひまわりさんは、
どんな場面で
ひとりごとを呟いていますか。

遊んでいるときや、お絵描きしているとき、
お散歩で歩いているときなど、
場面はいろいろです。

ひとりごとには、
具体的に
どんなものがあるでしょうか。

「あーあ」とか「うんっ！」とか意味のわかる言葉を繰り返すこともあるのですが、「ちっ、ちっ、ちっ」と鳥の鳴き声のように変わった音を出していることもあります。

ひまわりさんのように、意味不明なひとりごとや擬音を発するのも、音声チックのひとつです。単なるひとりごととのちがいは、**自分ではコントロールできず、意図せず繰り返してしまう**ところです。

ひとりごとにしては、
どうもおかしいと思っていましたが、
チックだったのですね。

「ちっ、ちっ、ちっ」のように、**気に入った音や自分がつくった言葉を繰り返すタイプを「複雑音声チック」**と言います。何かに集中しているときやリラックスしているときに出ることが多いようです。

私は気になっていましたが、本人は、今のところ、まだ自分が変わったひとりごとを言っていることに無自覚な様子です。どんなことに気をつけて接したらいいですか。

できることは、どんなこと？
安心・解決のアドバイス

ぶつぶつと、
ひとりごとを
呟（つぶや）いている

1 チックにばかり
注目し過ぎない

音声チックは目立ち
やすく、周囲が気づく
ことが多いです。ただ、
本人が気にしていない
のなら、指摘するのは
やめましょう。

周りが心配したり指
摘したりすると、本人
もチックを意識するよ
うになりますが、自分ではコントロールできません。**生活
に支障がないようであれば、優しく見守りましょう。**

意味のない音を
繰り返す
こともある

歩くときに
甲高い声で、
「ちっ、ちっ、
ちっ」と
言っている

やわらいだり、強く出た
りを繰り返しながら、さ
まざまなチックが表れる
ことがあります。本人が
気にしていないのであれ
ば、優しく流していくよ
うにしましょう。

2 状況を把握し、
保護者と共有する

チックの症状があ
るにもかかわらず、
保護者がチックのこ
とを知らなかったり、
どのように対応すれ
ばいいのかわかって
いなかったりする場
合もあります。

まずは保護者に園
の様子を報告しましょう。**家庭での様子も聞き、どんな症
状があり、どんなときに出てしまうのかを共有します。**

お散歩していると、時々、先生が不思議そうに私のことを見てるけど、どうかしたのかな?

ひまわりさんの状況

本人には、ひとりごとや擬音の自覚がない

3 保護者と一緒に正しい知識を学ぶ

　チックの症状が強く出ないようにするためには、周りの大人が子どもの様子やチックのことを理解し、協力しながら対応していくことが大事です。

　チックに関する資料を読み、保護者と一緒に正しい知識を学びながら、相談できる体制を整えていきます。

4 楽しくリラックスできる時間をもつ

　チックは心理的要因で起こるわけではありませんが、心身のストレスがたまってくると強く出ることがあります。できるだけ園で楽しく過ごせるように、配慮しましょう。

　大きな紙いっぱいに絵を描く時間をつくったり、一緒に好きな絵本を読んだり、楽しい時間を共有するといいでしょう。

なかなか変わったクセが治らないので困っていたけど、先生から、一緒にチックのことを勉強しながら対応していきましょうと言ってもらえて、少し安心しました。

お父さん

おうちでのひまわりさん
32ページ

ようすけさんの場合

大事な場面でも、
落ち着きがない

卒園式を前にして、ようすけさんの落ち着きのなさが目立つようになりました。年少の頃から静かに座っているのは苦手で、部屋をウロウロしたり、時には廊下を走り回ったりして、「危ないよ」と先生によく叱られていました。お兄さんになってきてから、そうした行動は減っていたものの、先生の話を聞いているときにふらふら体を揺らしたり、腕をぶんぶん振り回したり、落ち着きのない態度が目立ちます。

卒園式の歌の練習をしているときも、首を左右に振ったり、ぴょんぴょん飛んだり、鼻や耳をほじったり、じっとしていられません。先生が「ようすけさん。ちゃんと立って」「じっとして！」などと注意しても効果がありません。

園の
先生の
悩み

以前から活発で落ち着きがないタイプなんだけど、最近は、変な動きが目立つようになってきました。「ちゃんと立って」「やめなさい」って言っても、聞いてくれない……。これもクセなのかな。

どうして、こうなる？ 専門家に相談

ADHDとチックは併発することが多い

ようすけさんの
落ち着きのない行動が目立ち始めたのは、
いつ頃からですか。

園に入ったときから活発で、ほとんどじっとしていられ
ない子でした。だけど、成長するにつれ廊下を走ったり、
危ないことをしたりすることは減っていたのです。

最近になって、また、
落ち着きのなさが
目立ち始めたわけですね。

そうなんです。以前のように急に走り出すというのではなく、
ぴょんぴょん飛んだり、首を左右にカクカク振ったり……。
とにかく常に体を動かしています。

もしかしたら、ようすけさんには、
**衝動性や多動を特徴とする
ADHDの特性もある**のかもしれませんね。

私も以前から、
そうなのかなと思っていました。
不思議な行動は、ADHDの特性ですか。

首を左右に振ったり、腕を回したりするのは、チックの症状かと。
ADHDの子がチックになる割合は高いことが知られています。**併発
していると衝動性が高まり、さらにチックが目立ってしまうのです。**

なるほど。就学を控えているので、
少しでも症状が落ち着いてくれるといいのですが。
何か、園でできることがありますか。

以前は、急に
走り出すなど、
危ない行動が
あった

できることは、どんなこと？
安心・解決のアドバイス

1 注意ばかりせず、できたことを認める

先生や周りから注意されたり、厳しく叱られたり迷惑がられたりすることが続くと、だんだんと自信をなくしてしまいます。

気にし過ぎて緊張したり、不安が強くなったりしてもチックが激しくなります。注意ばかりするのではなく、「今日はいつもより、落ち着いていられたね」など、できていることを認めましょう。

いつもより落ち着いていられたね！

Good!

最近は、
危ない行動は
少し減っている

首を振り、
腕を振り回す、
落ち着きの
なさが目立つ

ADHDとチックを併発している場合、叱られることで本人が自信をなくすだけでなく、「どうせ無理」と意欲まで失ってしまうことがあるので、注意しましょう。

2 本人の悩みに寄り添う姿勢を示す

ADHDとチックを併発している場合、注意される場面が多くなると、本人が「どうせ自分なんて……」と自信をなくし自暴自棄になってしまいがちです。

SOS

また、「自分ばかり怒られる」と、大人に対して不信感をもってしまうこともあります。できるだけ話を聞き、本人の悩みに寄り添う姿勢を示しましょう。

ちゃんと
参加してる
つもりなのに。
じっとしていなさいって、
いつもぼくばかり
怒られるんだ。

ようすけさんの状況

注意しても、
じっとして
いられない

③ チックが出たときの合図やルールを決める

ようすけさんは、先生の話を聞く時間や、卒園式の練習など、緊張したり静かにしなければならないと思ったりすると、チックが出てしまうようです。

チックが出そうなときには手を挙げるなどの合図を考え、実際にチックが表れたときは、場所を移動して離れた場所で休んでもらうなどのルールを決めておきます。

④ 積極的に体を動かす時間をつくる

体を動かすことは、チックの改善だけでなく、ADHDの衝動性や多動にブレーキをかけるためにも有効です。スポーツに集中しているときはチックが出にくいことも知られています。

園でもできるだけ毎日、スポーツをやる時間を設け、体を動かすよう声をかけましょう。活躍することで、自信を取り戻す効果もあります。

最近、叱られることが多くてへこんでたみたいだけど、今日は「ボールあそびで活躍して、先生にすごいねってほめられたんだ」って喜んでいました。

お母さん

おうちでのようすけさん36ページ ←

すずさんの場合

無意識のうちに、うなってしまう

いろいろなクセが目立つすずさんですが、昨日は絵本の読み聞かせの最中に、突然「うーっ、うーっ、うーっ」と苦しそうにうなり始めました。悪夢にうなされているような声だったので、おともだちも気になり絵本に集中できません。だんだんボリュームが大きくなるので、先生が「静かにね」と注意します。すずさんはハッと

して、申し訳なさそうな顔。自分がうなっていたことに気づいていなかったようです。

注意されて静かにしていたのですが、やがてまた「うーっ、うーっ」とうなり始めます。あげくの果てに、いきなり大きな声で「こらぁーっ」と何かの呪文のような言葉を叫んだので、みんなはびっくりしてしまいました。

園の
先生の
悩み

すずさんは最近、無意識のうちにうなってしまうクセがあるみたい。仕方がないことだけど、おともだちは気味悪がっているし、「静かにね」って注意しても効果がないので、どうしたらいいのかな。

どうして、こうなる？ 専門家に相談

うなったり、叫んだりするチックもある

先生は、
すずさんがうなるクセを
心配しているのですね。

うなるだけでなく、
いきなり大きな声で叫んだので、
驚きました。

「うーっ」とうなってしまうのも、
「こらぁーっ」などと叫んでしまうのも、
複雑音声チックのひとつです。

そうだったんですね。すずさんは爪をかじったりするクセも治っていないし、最近はあくびをするように口を大きく開けるクセも表れて、チックがひどくなっているような気がします。

いろいろな運動チックと1つ以上の音声チックが1年以上にわたり続くと「トゥレット症候群」に該当します。**やめようと思っても、自分ではコントロールすることが難しい**のです。

確かに注意しても、またすぐに始まってしまいます。
でも、周りの子も「おかしい」と感じ始めているので、
そのままにしておくわけにもいきません……。

どうしていいのかわからず、本人もきっと困っているはず。**「わざとやっている」と誤解されたり、「気持ち悪い」と思われたりしないように、周りの大人の対応やフォローが大切**になります。

わかりました。
では、どんなふうに
フォローすればいいのでしょうか。

爪をかじったり、
大きく口を
開ける
クセがある

安心・解決のアドバイス

1 相談に乗り、チックについて説明する

　幼児の間は、無意識のうちに音を出すクセに気づいていても、どうしたらいいのかわからず、悩み、困っている場合がほとんどです。

　すずさんのように、本人が困っている場合は、周りの大人が気づき、相談相手になることが大切。**チックについて説明し、「うまくつきあっていくことが大事」ということを、本人に伝えましょう。**

突然、
「うーっ」と
うなり始める

「こらぁーっ」
と大きな声で
叫ぶ

うなったり叫んだりする音声チックは、周囲の注目を集めやすいので、本人がそのことを気にしてつらい思いをしていることがあります。まずは、話を聞き、相談に乗るようにしてください。

2 リラックスできるよう、目立たない場所に移動する

　「静かに聞かなきゃ……」と緊張したり、「みんなの迷惑（めいわく）になっているかも……」と意識したりすると、余計にチックはひどくなります。

　絵本の読み聞かせなど、静かにしなければならない場面では、**後ろの端っこなど目立たない場所に移動してもらい、できるだけ本人がリラックスできるよう配慮**します。

最初は自分が
うなってるって
気づいてなかった。
「やめなきゃ」って
思っても、また、
うなっちゃうみたい。

すずさんの
状況

無意識のうちに
うなっている

3 カームダウンの
場所を確保する

チックは、落ち着ける場所で1人になると、症状が治まる場合が多いことも知られています。

保健室やカウンセリングルームなど、カームダウンスペース(落ち着ける場所)を確保し、チックの間隔が短くなったり大きな音を出したり、症状が激しいときには移動して、休んでもらいましょう。

4 おともだちに、チックによる
クセのことを説明する

チックがある子の多くが、いじめやからかいを経験しています。

いじめを予防するためには、本人と相談したうえで、先生からおともだちに、「すずさんのクセは、本人がわざとやっていることではなく、自分で止めることが難しい」ということをみんなに説明するのも、選択肢のひとつです。

わざとやっている
ことじゃないって、
わかってね

「最近、知らない間にうなってるみたい」って、本人も気にしていたんだけど、園で先生が「うまくつきあっていこうね」って理解してくれたので、ちょっと安心したみたい。

お母さん

おうちでの
すずさん
40ページ

専門家からの
ワンポイント
アドバイス
②

発達障害者支援センター
の活用
▼

　各都道府県や政令指定都市には、発達障害者
支援センターが設置されています。自治体により異なりますが、**吃音やチックの相談や療育を行っているところもあります**。巡回相談や言語聴覚士など専門家の派遣をしている場合もあるので、問い合わせてみましょう。

保護者への支援には
何がある？
▼

　保護者が悩んでいたり、子どもの将来について不安が強かったりする場合は、園以外の相談先につなぐことも考えましょう。発達障害者支援センターのほか、**子ども家庭支援センター、教育相談室**などで、育児に関する相談を受け付けています。

セルフヘルプグループ
とは？
▼

　吃音やチックなどの当事者、その家族の相互的な活動を、セルフヘルプグループ（自助グループ／当事者会・家族会）と言います。同じ悩みをもつ人同士で語り合ったり、先輩のアドバイスを聞いたり、勉強会を開催したり、さまざまな活動が展開されています。

第3章

楽しい学校生活を送るために知っておきたい吃音・チックのこと

吃音にしてもチックにしても、
幼児期に表れることは、
決してめずらしくありません。

でも、正しい知識や対応の方法は、
まだあまり知られていない状況です。

その特性を知っておけば、
家庭や保育園・幼稚園でできることがわかり、
就学に向けた準備ができるはずです。

吃音の特性を知る
Q&Aで専門家が解説

吃音って、なんですか？

吃音って、なんですか？
「どもり」とはちがうんでしょうか？

話したくても「マ、マ、マ、ママ」のように言葉に詰まったり、すらすらと言葉が出て来なかったりする状態を吃音と言います。

以前は「どもり」と呼ぶこともありましたが、差別的な意味合いで使われることもあったため、今は一般的に使われていません。

吃音は、子どもに多いの？
どんな子が吃音になりますか？

吃音は男の子に多くみられ、幼児期には20人に1人の割合で表れると言われています。

まれに学齢期以降にみられることもありますが、ほとんどの場合は2～5歳頃から始まります。

何が原因ですか？
私のしつけが厳しすぎたのかな……。

詳しい原因は解明されていませんが、脳の中で情報を伝える部分が関係しているらしく、遺伝も多いことがわかってきました。おそらく先天的な素因に環境的な要因が組み合わさり、吃音になるのではないかと考えられています。

以前は「親の養育態度」や「本人の内気な性格」などとの関係が研究されていましたが、現在は否定されています。ただし、叱責などによって「吃音は悪いこと」と考え不安が強まると、症状が強く出ることが知られています。

吃音には、いくつかのタイプがあると聞きました。
どんな症状がありますか？

　「マ、マ、マ、ママ」のように同じ音を繰り返す「連発」のほか、言葉を「マーーーマ」のように引き伸ばす「伸発」や、「……ママ」のように最初の言葉が詰まってなかなか出て来ない「難発」も、吃音の症状です。
　また、吃音が悪化すると、勝手に口元がピクピクしたり、手や足で拍子を取らないと話し出せなかったり、勝手に体が動いてしまったりする「随伴症状」が表れることがあります。

吃音のさまざまな症状

■音を繰り返す：連発

「き、き、き、きききき、きのうね」「ぼ、ぼ、ぼ、ぼく」のように最初の音の繰り返しが多いが、「ぼく、きのう、う、う、う」のように、途中の音を繰り返す場合もある。

■引き伸ばす：伸発

「きーーーーーのうね」「ぼぉーーーーーく」など、不自然に引き伸ばす。「ぼぉおーうぅーーーーく」のように、力みながら引き伸ばす子もいる。

■言葉が出て来ない：難発／ブロック

「…………ぼく」「…………きのうね」など、最初の言葉がブロックされ、なかなか出て来ない。喉や口元に力を入れて、声を絞り出そうとする子もいる。

■体のどこかが動く：随伴症状

まばたきする、目をこする、首を振る、手で足をたたく、息を吸う、口をパクパクさせる、手足をバタバタさせる、足踏みする、など。

吃音の子には、どんなサポートが必要？

吃音は、ずっと続くのですか？
治ることはないのでしょうか？

幼児期に吃音がみられた子どもの7〜8割は、特別な治療をしなくても、自然に治ります。

でも、残りの2〜3割の子の中に、吃音がずっと続く人や、思春期頃からまた吃音が目立つようになる人もいます。

吃音が続く場合は、
どんな経過をたどるのですか？

ほとんどは「ぼ、ぼ、ぼ、ぼく」のように、軽い繰り返しから始まります。個人差がありますが、最初の頃は本人もあまり気にしていません。けれども吃音が続くと、周りから「おかしい」と指摘されたり心配されたりすることで、だんだん本人も「話しづらさ」を意識するようになります。

特に年長から小学校低学年くらいにかけて、「うまく話せないんじゃないか」と不安を感じるようになり（予期不安）、心理症状が表れやすくなります。

心理症状には、
どんなものがあるのですか？

「吃音はよくない」「恥ずかしい」と思う経験が重なることで自信をなくし、予期不安により症状が強く出てしまうことがあります。悩んでいるのに隠そうとしたり、「ぼく」を「オレ」にするなど言い換えたり、会話を避け無口になってしまう人もいます。

吃音の子には、
どんなサポートが有効なのでしょうか？

　　　　まずは、できるだけ本人が楽な気持ちで、吃音とうまくつきあっていけるよう、応援することがとても大切です。家庭や園で協力し、本人の心理的な負担を減らせば、吃音による不都合を緩和・軽減できます。

　発達障害者支援法という法律の中でも、吃音は発達障害のひとつとして、園や学校で吃音の人が過ごしやすいように環境を整え、サポートしていくことが定められています。

吃音には、どんな治療法がありますか？
専門家はいるのでしょうか？

　　　　多くの吃音は特別な治療を必要としませんが、症状が重い場合は、病院のリハビリテーション科や耳鼻咽喉科などで、スピーチセラピーや認知行動療法といった治療を行うことがあります。医師のほかに言語聴覚士や、公認心理師などの心理職が、専門家として吃音の治療を担当するのが一般的です。

症状が強く出るようになっている気がするのですが、
誰に相談すればいいのでしょうか？

　　　　まずは、地域の保健所や保健センター、あるいはかかりつけの小児科医などに相談してみましょう。また、地域の発達障害者支援センターや子ども家庭支援センターでも、相談を受けつけています。

　そのほか、全国に言友会など吃音のセルフヘルプグループ（自助グループ）もあり、吃音の当事者や家族の交流会、会報の発行、専門家を招いた勉強会などが行われています。

チックの特性を知る
Q&Aで専門家が解説

チックって、なんですか？

チックって、なんですか？
ただのクセとはちがうのですか？

　　　　パチパチまばたきをしたり、顔をしかめたり、こんこん咳をしたり、決してわざとではないのに、ある動きや音を繰り返してしまうことをチックと言います。ただのクセとはちがい、自分で動きを止めることが難しく、叱ったり注意したりしても治りません。
　チックが出る前にムズムズして、チックを出さなければスッキリしないというような感覚（前駆衝動）が起きることもあります。

何が原因でしょうか？
ストレスが大きいのかな？

　　　　詳しいことはわかっていませんが、脳の仕組みのちがいが背景にあるのではないかと考えられています。10人に1〜2人くらいの割合で、チックになりやすいタイプの子がいるようです。
　ストレスや環境の変化がきっかけになる場合もありますが、それだけが原因ではありません。

チックは、どんな場面で
出やすいのですか？

　　　　入園した直後や運動会の前など緊張する場面で、チックが出やすくなることが知られていますが、一概には言えません。保育園・幼稚園ではあまりみられず、家でリラックスしているときにだけチックが出る人もいます。

チックにはどんな症状がありますか？
ひとりごとを言ったりするのもチックなんでしょうか？

　　　チックには「運動チック」と「音声チック」があります。また、すぐに治まる場合と長く続く場合があり、「一過性チック」と、1年以上続く「慢性チック」に分類されています。
　　　いくつかの運動チックと1つ以上の音声チックが1年以上続く場合は「トゥレット症候群」と呼びます。チックもトゥレット症候群も発達障害のひとつで、自閉スペクトラム症（ASD）や注意欠如・多動症（ADHD）など、他の発達障害をあわせもっている人も少なくないことが知られています。

チックのさまざまな症状

■運動チック
まばたき、口をゆがめる、鼻をひくひくさせる、目を細める、白目をむく、肩をすくめる、など。

■複雑運動チック
人や物に触る、においをかぐ、手で鼻をこする、ジャンプする、何かをたたく、など。

■音声チック
咳をする、うなる、ほえる、フンフンと鼻を鳴らす、うっうっうっと喉を鳴らす、など。

■複雑音声チック
・「バカ」「死ね」など汚い言葉を発する（汚言症）
・他の人の真似をする
　（「痛い！」と言ったら「痛い！」と言う、など）
・自分の発した音や言葉を繰り返す
　（ぴゅっぴゅっ、ちっちっちっ、など）

チックの子には、どんなサポートが必要？

チックは、ずっと続くのですか？
治ることはないのでしょうか？

　　　幼児期から思春期にかけてチックの症状が激しく表れることも
ありますが、ほとんどの場合は一過性のもので、１年以内に消え
ていきます。
　　　その一方で、１年以上チックが続く子が100人に１人いると言
われています。多くは大人になるまでにだんだん軽くなっていきますが、症状
や頻度を変えながら、やわらいだり強く出たりを繰り返したり、強いチックが
残ることもあります。

本人には自覚はあるのでしょうか？
症状について、どこまでわかっているのでしょう？

　　　幼児期には自覚がないことも多く、自覚があっても意外と本人
が気にしていない場合も少なくありません。チックについて周り
が気にし過ぎることで本人の緊張感が増すと、かえって強く出や
すくなるので注意してください。

チックがある子は、
どんなことで困っているのでしょう？

　　　頻度が高かったり長く続いたりすると、本人もだんだん気にし
始めるようになります。じろじろ見られたり、「やめなさい！」
「うるさい」と怒られたり、家族以外の人からも指摘されること
があると、本人はどうしたらいいのかと困ってしまうでしょう。

どんなふうにサポートすればいいのでしょう？
病院に連れて行くほうがいいのでしょうか？

　数日から数週間程度の期間にチックが表れ、繰り返されるとしても、他に特に気がかりな行動がなければ、急いで医療機関を受診する必要はありません。
　たとえ本人がチックを自覚し悩み始めたとしても、周りが過剰に反応せず、穏やかに応援するスタンスで関わることで、改善されていく場合がほとんどです。

症状が強く出ることが多く、
なかなか改善されないので心配です。

　気がかりなことがあるなら、まずは、かかりつけの小児科医に相談することをおすすめします。チックがひどくて困っている場合には、治療も考えられます。
　例えば、体が勝手に動いてやりたいことができなくなったり、大きな声がたくさん出てしまったり、本人が困っている場合は、お薬を使って治療することもあります。

落ち着きがなかったり、すぐにかんしゃくを起こしたりするのも、
チックが原因なのでしょうか？

　チックもトゥレット症候群も発達障害のひとつで、他の発達障害と併発することはめずらしくないことが知られています。チックが始まる前から、言葉の発達がゆっくり、こだわりが強い、なかなか寝ない、衝動的に行動する、かたときもじっとしていないなど、自閉スペクトラム症（ASD）や注意欠如・多動症（ADHD）の特性がみられる場合も少なくありません。気になることがあったら、地域の保健所や保健センター、子ども家庭支援センターなどに相談してみましょう。

家庭でできること
保護者に向けた 5つのヒント

① 注意したり叱ったりしない

何言ってるか
わからないよ。
落ち着いて話して

吃音の子に「落ち着いて」「しっかり話して」などとアドバイスをすると、「ちゃんと話さなくちゃ」というプレッシャーになり、ますます言葉に詰まってしまいます。本人が言いたいことや話の内容に注目し、頷いたり相槌を打ったりしながら、ゆっくり最後まで話を聞く姿勢をもちましょう。

チックも同じです。自分でコントロールすることができないので、「やめなさい」「恥ずかしいよ」などと注意すると、さらに緊張させ、追い詰めてしまうことになります。

言動が気になったとしても、注意したり叱ったりするのはできるだけ控えましょう。

② 症状にばかり注目せず、本人の長所に目を向ける

どっちの動物が
好き？

動物ずかん

症状が軽いときに「今日は上手に話せたね」「チックが出なかったね」などとほめるのは、「吃音やチック＝よくないこと」というメッセージを送ることになり、逆効果。その子が自分に自信をもてるように、個性をポジティブに受け入れていくことが大事です。

吃音やチックがある子は「神経質」と思われがちですが、「繊細で感受性が豊かな子」と表裏一体。落ち着きがないタイプの子も「活発でアクティブ」ととらえることができます。本人の長所を積極的に見いだすように心がけていきましょう。

③ どんな場面で症状が出るのか把握し、ストレスを減らす

　園で多いのか家庭で多いのか、行事の前後に出るのか、どんな場面で吃音やチックが出るのか知っておきましょう。また、生活が不規則になったり疲れがたまっていたり、不安になったりすることがないかも確認します。

　これらは症状を引き起こす直接の原因ではありませんが、悪化させることがあります。できるだけ本人がのびのびリラックスして過ごせるよう、大きなストレスがある場合は負担を軽くする方法を考えましょう。

④ 子どもの悩みを見逃さず、相談相手になる

　心配し過ぎたり気にし過ぎたりする必要はありませんが、症状を無視し続けると子どもは相談しづらくなってしまいます。オープンに話すことができる雰囲気をつくり、子どもを心理的に孤立させないようにします。

　悩んでいても子どものほうから言い出せない様子なら、就寝前やお風呂など1対1で会話できる時間を設けましょう。「よくあることなので、気にしなくていい」「ほとんどは自然に治まっていく」などと伝えます。

⑤ 困っているなら、かかりつけの小児科医に相談する

　生活に支障をきたすほど症状が強く出る、本人が気にしている、家族が対応に困っているなどの場合は、かかりつけの小児科医や地域の保健所などに相談しましょう。発達障害や神経症状に詳しい専門医、言語聴覚士などの専門家を紹介してもらえることもあります。

保育園・幼稚園でできること
園の先生に向けた5つのヒント

❶ 保護者と面談し情報を共有、協力体制を築く

　まずは保護者と面談し、「症状が出始めた時期」「症状が出やすい状況」「本人の意識・自覚の有無」「家での様子」などを聞き取り、情報を共有しておきます。

　保護者は「親の育て方のせいでは」と周囲から責められたり、罪悪感を抱いていたりする場合もあるので、発言に注意し「保護者の責任ではない」ことを強調します。

　保護者が吃音やチックに詳しくない場合は「まずは正しい情報を知りましょう」と伝えたうえで、資料を渡すなど協力して理解に努めます。また、どのような接し方がその子に合っているのか一緒に考えていきます。

❷ 本人の状況を把握してから、応援の方法を考える

一緒に遊ぼうね

　幼児期には大人が気にするほど、本人もおともだちも症状を気にしていない場合があります。一方で年齢が上がるにつれ、悩み始める子も増えます。本人や家族、おともだちがどう感じているのかを把握していきます。

　どんなふうに応援してほしいのかは、その子によって異なります。「みんなに知ってほしい」「からかわれないように話してほしい」と思う子もいれば、「あまり触れてほしくない」と思っている子もいます。本人や保護者と相談しながら、安心して園で過ごすにはどうすればいいのか一緒に考えましょう。

❸ 作戦会議を開き、本人が過ごしやすい環境を考える

　子どもが悩んでいたり困っていたりしたら、作戦会議を開きましょう。吃音があり発表で緊張してしまう子には、あらかじめ話す内容を練習する、紙に書いて見せる、電子メモパッドを使用する、パスしたいときのサインを決めるなどの方法があります。

　チックの症状が強く出る子には、目立たないよう座る席を移動する、あらかじめ保健室や職員室などカームダウンスペース（落ち着ける場所）を決めておくなどの対策を考えておけば安心できます。

❹ いじめやからかいには、毅然とした態度をとる

いやがることを言うのはよくないよ！

ね！

　子どもたちは悪気なく、その子のまねをしたりからかったりしてしまうことがあります。そんな場面を見つけたら、大人が率先して、いいモデルを示すことが重要です。毅然とした態度で、「人の特徴をからかうのは、とても失礼なことだよ」などと伝えましょう。

❺ 自信がもてるように、楽しい経験を増やしていく

　吃音の子の場合、「会話は楽しい」と思える機会を増やしましょう。リラックスして会話できる、遊びやゲームがおすすめです。

　チックの子の場合、思いきり体を動かせば「自分の体をコントロールできた」と実感できる機会になり一石二鳥。運動が好きな子なら、積極的に園庭で遊ぶ時間を設けましょう。

　いずれの場合でも、無理なく「本人が好きなこと」をベースにするのがポイントです。

就学に向けて
専門家から保護者への アドバイス

もうすぐ小学校なのですが、
どんな準備をしておけばいいのでしょうか？

　　　　吃音やチックは発達障害者支援法という法律の中で、発達障害のひとつとして規定されています。そのため全国の小学校では、吃音やチックがある子ども1人ひとりのニーズを把握してサポートする特別支援教育を行うことが義務づけられています。
　地域差はありますが、園から小学校に情報を引き継ぐ就学支援シートが導入されていたり、入学予定先の特別支援教育コーディネーターが園を訪問したり、安心して入学できるよう事前に準備する仕組みもスタートしています。

吃音やチックについて、
学校に連絡しておくほうがいいですか？

　　　　入学前に行われる就学時健康診断の際に個別相談があれば、吃音やチックがあることを伝え、資料などを渡し窓口になる先生と事前に対応を相談しておくと安心です。学童保育を利用するなら、指導員とも情報共有しておくといいですね。

小学校では、吃音やチックについて
どんなサポートをしてくれますか？

　　　　小学校では発達障害のある子について、個別の指導計画、個別の教育支援計画をつくり、ニーズに合った合理的配慮を行うことが定められています。個別の指導計画は、学校と保護者が相談しながら作成するもので、指導目標や内容、その方法を記載します。
例えばICT機器の活用や座席の工夫など、学校はその子が授業を受けやすいよう配慮する必要があります。個別の教育支援計画は進学先に引き継がれ、ノンストップで支援するための資料となりますが、ストップすることも可能です。

症状が強く出るので、
授業についていけないんじゃないかと心配です。

　通常の学級に在籍しながら週1回程度の授業に通う「通級による指導」という制度があります。地域によりますが、吃音の子は「ことばの教室」、チックの子は「発達障害・情緒障害通級」などに通うことができます。

　通級指導教室の利用を検討するなら、就学相談に行く必要があります。就学相談は、通級指導教室を含めた特別支援教育を受けるため教育委員会と話し合い、子どもにとって最適の学びの場を考える制度です。ほとんどの場合は保護者の申し込みにより、面談や検査などを行います。居住地の教育委員会の窓口まで問い合わせてみましょう。

吃音やチックがあることで、
おともだちにからかわれたり、いじめられたりしないでしょうか。

　からかいやいじめを防ぐためには、担任の先生はもちろん、おともだちの保護者や他の先生にも正しい情報を提供し、吃音やチックのことをよく知ってもらい、みんなが協力して「この学校では、からかいやいじめは許さない」というスクラムを組むことが大切です。

　保護者会で吃音について説明し、「からかわれることがあったら、助けてあげてください」と呼びかけるのもひとつの方法です。

小学校に入学して大丈夫かなぁと考えると、
夜も眠れません……。

　何よりも大切なのは、お子さんが小学校入学を楽しみにし、意欲をもって学校に通えること。「大丈夫かなぁ」と心配する気持ちはわかりますが、周りの大人は心配し過ぎないよう気をつけてください。どうしても心配なことがあれば、園の先生や入学先に相談し、サポート体制を築き、不安を解消しておきましょう。

家庭と保育園・幼稚園に向けた、参考になる本のリスト

あの子の発達障害がわかる本④
ちょっとふしぎ 吃音・チック・トゥレット症候群のおともだち
藤野博 監修（ミネルヴァ書房）

吃音の合理的配慮
菊池良和 著（学苑社）

イラストでわかる子どもの吃音サポートガイド
●1人ひとりのニーズに対応する環境整備と合理的配慮
小林宏明 著（合同出版）

吃音のことがよくわかる本
菊池良和 監修（講談社）

チックとトゥレット症候群がよくわかる本
星加明徳 監修（講談社）

発達と障害を考える本⑧
ふしぎだね!? 言語障害のおともだち
牧野泰美 監修／阿部厚仁 編（ミネルヴァ書房）

志乃ちゃんは自分の名前が言えない
押見修造 著（太田出版）

どもる体
伊藤亜紗 著（医学書院）

吃音啓発リーフレット●学齢期・思春期用
山崎和子 監修（広島市言語・難聴児育成会 きつおん親子カフェ リーフレット制作チーム）

吃音のこと、わかってください
北川敬一 著（岩崎書店）

子ども・大人の発達障害診療ハンドブック●年代別にみる症例と発達障害データ集
内山登紀夫 編（中山書店）

わかって私のハンディキャップ②
トゥレット症候群●チックはわざとじゃないんだ
金生由紀子 監修／マル・レスター 著／上田勢子 訳（大月書店）

わかって私のハンディキャップ④
吃音●言葉がすらすらでないんだ
廣嶌忍 監修／スー・コトレル 著／上田勢子 訳（大月書店）

おわりに

●

　首と肩を、ユーモラスな動きでひねるクセがあるコメディアンがいます。
　映画監督としても評価され、世界的に活躍している多彩な才能の持ち主です。

　「ぼ、ぼ、ぼ、ぼくはおにぎりが好きなんだな」という口グセで有名なアーティストもいました。温かな人柄で多くの人から愛され、日本中を放浪しながら作品を残しました。

　私たちは、彼らに対して「おもしろいクセがある人だなぁ」と思っても、「あのクセはやめたほうがいい」とネガティブな印象はもたないはずです。
　だって吃音やチックは、その人の一部であり、すべてではないのですから。

　吃音やチックがあったとしても、うまくつきあいながら、いろんな仕事にチャレンジし、楽しく暮らしていくことはできるはずです。

　でも残念ながら、吃音やチックのある子どもの多くがからかわれて傷ついたり、「おかしい」と注意されたりして、自信をなくしています。
　社会に出てからも人からジロジロ見られたり、いわれない差別にさらされたり、つらい目にあってしまうことがあります。
　とても、悲しく、許せないことです。

　吃音やチックの症状を軽減するためには、環境調整＝子どもたちが過ごしやすいよう環境を整えることが大切。ただ、この本で伝えたかったのは、それだけではありません。一番の環境調整は、どんな個性があっても子どもたちが自信をもって、のびのび生きていけるように、世の中を変えていくことです。

個性を否定せず、認め合える世の中へ。
家庭や園の中から、一歩一歩積み重ねていきましょう！

監修者紹介

藤野博（ふじの　ひろし）

東京学芸大学教授、大学院教育学研究科（教職大学院）教育実践創成講座に所属。東北大学大学院教育学研究科博士前期課程修了。博士（教育学）。言語聴覚士。臨床発達心理士。専門はコミュニケーション障害学、臨床発達心理学。主な著書に、『自閉スペクトラム バディ・システムスタートブック』（学苑社／共編著）、『コミュニケーション発達の理論と支援』『発達障害のある子の社会性とコミュニケーションの支援』（いずれも金子書房／編著）、『学童期の支援 特別支援教育をふまえて』（ミネルヴァ書房／共編著）、『発達障害の子の立ち直り力「レジリエンス」を育てる本』『発達障害の子の「会話力」を楽しく育てる本』（いずれも講談社／監修）、『絵でわかる なぜなぜ会話ルールブック』（合同出版／共著）などがある。

デ ザ イ ン	大野ユウジ（co2design）
イ ラ ス ト	藤井昌子
Ｄ Ｔ Ｐ	レオプロダクト
編 集 協 力	尾崎ミオ（TIGRE）
取 材 協 力	青木英幸
企 画 編 集	SIXEEDS

発達障害お悩み解決ブック③
家庭と保育園・幼稚園で知っておきたい
吃音・チック・トゥレット症候群

2020年9月10日　初版第1刷発行　　〈検印省略〉
定価はカバーに
表示しています

監 修 者	藤　野　　　博
発 行 者	杉　田　啓　三
印 刷 者	森　元　勝　夫

発行所　株式会社　ミネルヴァ書房

607-8494 京都市山科区日ノ岡堤谷町1
電話 075-581-5191／振替 01020-0-8076

©SIXEEDS, 2020　　　　　モリモト印刷

ISBN978-4-623-08892-8
Printed in Japan